心一堂術數古籍珍本叢刊

書名：《二宅玄機》二種（《陰陽二宅錄驗》）附《臨穴指南節錄本》《青囊總秘要訣》
系列：心一堂術數古籍珍本叢刊　第三輯　331　堪輿類　無常派玄空珍秘
作者：【清】章仲山 傳
心一堂 編
主編、責任編輯：陳劍聰
心一堂術數古籍珍本叢刊編校小組：陳劍聰　素聞　鄒偉才　虛白盧主

出版：心一堂有限公司
通訊地址：香港九龍旺角彌敦道六一〇號荷李活商業中心十八樓〇五一〇六室
深港讀者服務中心‧中國深圳市羅湖區立新路六號羅湖商業大廈負一層〇〇八室
電話號碼：(852)9027-7110
網址：publish.sunyata.cc
電郵：sunyatabook@gmail.com
網店：http://book.sunyata.cc
淘寶店地址：https://shop210782774.taobao.com
微店地址：https://weidian.com/s/1212826297
臉書：https://www.facebook.com/sunyatabook
讀者論壇：http://bbs.sunyata.cc/

版次：二零一九年十一月初版
平裝

定價：港幣　九百八十八元
新台幣　三千八百八十元

國際書號：ISBN 978-988-8582-86-0

香港發行：香港聯合書刊物流有限公司
地址：香港新界大埔汀麗路36號中華商務印刷大廈3樓
電話號碼：(852)2150-2100
傳真號碼：(852)2407-3062
電郵：info@suplogistics.com.hk

台灣發行：秀威資訊科技股份有限公司
地址：台灣台北市內湖區瑞光路七十六巷六十五號一樓
電話號碼：+886-2-2796-3638
傳真號碼：+886-2-2796-1377
網絡書店：www.bodbooks.com.tw
台灣秀威書店讀者服務中心：
地址：台灣台北市中山區松江路二〇九號一樓
電話號碼：+886-2-2518-0207
傳真號碼：+886-2-2518-0778
網絡書店：http://www.govbooks.com.tw

中國大陸發行　零售：深圳心一堂文化傳播有限公司
深圳地址：深圳市羅湖區立新路六號羅湖商業大廈負一層〇〇八室
電話號碼：(86)0755-82224934

心一堂微店二維碼

心一堂淘寶店二維碼

心一堂術數古籍 珍本整理 叢刊 總序

術數定義

術數，大概可謂以「推算（推演）、預測人（個人、群體、國家等）、事、物、自然現象、時間、空間方位等規律及氣數，並或通過種種『方術』，從而達致趨吉避凶或某種特定目的」之知識體系和方法。

術數類別

我國術數的內容類別，歷代不盡相同，例如《漢書・藝文志》中載，漢代術數有六類：天文、曆譜、五行、蓍龜、雜占、形法。至清代《四庫全書》，術數類則有：數學、占候、相宅相墓、占卜、命書、相書、陰陽五行、雜技術等，其他如《後漢書・方術部》、《藝文類聚・方術部》、《太平御覽・方術部》等，對於術數的分類，皆有差異。古代多把天文、曆譜、及部分數學均歸入術數類，而民間流行亦視傳統醫學作為術數的一環；此外，有些術數與宗教中的方術亦往往難以分開。現代民間則常將各種術數歸納為五大類別：命、卜、相、醫、山，通稱「五術」。

本叢刊在《四庫全書》的分類基礎上，將術數分為九大類別：占筮、星命、相術、堪輿、選擇、三式、讖諱、理數（陰陽五行）、雜術（其他）。而未收天文、曆譜、算術、宗教方術、醫學。

術數思想與發展——從術到學，乃至合道

我國術數是由上古的占星、卜筮、形法等術發展下來的。其中卜筮之術，是歷經夏商周三代而通過「龜卜、蓍筮」得出卜（筮）辭的一種預測（吉凶成敗）術，之後歸納並結集成書，此即現傳之《易

經》。經過春秋戰國至秦漢之際，受到當時諸子百家的影響、儒家的推崇，遂有《易傳》等的出現，原本是卜筮術書的《易經》，被提升及解讀成有包涵「天地之道（理）」之學。因此，《易・繫辭傳》曰：「易與天地準，故能彌綸天地之道。」

漢代以後，易學中的陰陽學說，與五行、九宮、干支、氣運、災變、律曆、卦氣、讖緯、天人感應說等相結合，形成易學中象數系統。而其他原與《易經》本來沒有關係的術數，如占星、形法、選擇，亦漸漸以易理（象數學說）為依歸。《四庫全書・易類小序》云：「術數之興，多在秦漢以後。要其旨，不出乎陰陽五行，生尅制化。實皆《易》之支派，傳以雜說耳。」至此，術數可謂已由「術」發展成「學」。

及至宋代，術數理論與理學中的河圖洛書、太極圖、邵雍先天之學及皇極經世等學說給合，通過術數以演繹理學中「天地中有一太極，萬物中各有一太極」（《朱子語類》）的思想。術數理論不單已發展至十分成熟，而且也從其學理中衍生一些新的方法或理論，如《梅花易數》、《河洛理數》等。

在傳統上，術數功能往往不止於僅僅作為趨吉避凶的方術，及「能彌綸天地之道」的學問，亦有其「修心養性」的功能，「與道合一」（修道）的內涵。《素問・上古天真論》：「上古之人，其知道者，法於陰陽，和於術數。」數之意義，不單是外在的算數、歷數、氣數，而是與理學中同等的「道」、「理」--心性的功能，北宋理氣家邵雍對此多有發揮：「聖人之心，是亦數也」、「萬化萬事生乎心」、「心為太極」。《觀物外篇》：「先天之學，心法也。……蓋天地萬物之理，盡在其中矣，心一而不分，則能應萬物。」反過來說，宋代的術數理論，受到當時理學、佛道及宋易影響，認為心性本質上是等同天地之太極。天地萬物氣數規律，能通過內觀自心而有所感知，即是內心也已具備有術數的推演及預測、感知能力；相傳是邵雍所創之《梅花易數》，便是在這樣的背景下誕生。

《易・文言傳》已有「積善之家，必有餘慶；積不善之家，必有餘殃」之說，至漢代流行的災變說及讖緯說，我國數千年來都認為天災，異常天象（自然現象），皆與一國或一地的施政者失德有關；下至家族、個人之盛衰，也都與一族一人之德行修養有關。因此，我國術數中除了吉凶盛衰理數之外，人心的德行修養，也是趨吉避凶的一個關鍵因素。

術數與宗教、修道

在這種思想之下，我國術數不單只是附屬於巫術或宗教行為的方術，又往往是一種宗教的修煉手段--通過術數，以知陰陽，乃至合陰陽（道）。「其知道者，法於陰陽，和於術數。」例如，「奇門遁甲」術中，即分為「術奇門」與「法奇門」兩大類。「法奇門」中有大量道教中符籙、手印、存想、內煉的內容，是道教內丹外法的一種重要外法修煉體系。甚至在雷法一系的修煉上，亦大量應用了術數內容。此外，相術、堪輿術中也有修煉望氣（氣的形狀、顏色）的方法；堪輿家除了選擇陰陽宅之吉凶外，也有道教中選擇適合修道環境（法、財、侶、地中的地）的方法，以至通過堪輿術觀察天地山川陰陽之氣，亦成為領悟陰陽金丹大道的一途。

易學體系以外的術數與的少數民族的術數

我國術數中，也有不用或不全用易理作為其理論依據的，如揚雄的《太玄》、司馬光的《潛虛》。也有一些占卜法、雜術不屬於《易經》系統，不過對後世影響較少而已。

外來宗教及少數民族中也有不少雖受漢文化影響（如陰陽、五行、二十八宿等學說。）但仍自成系統的術數，如古代的西夏、突厥、吐魯番等占卜及星占術，藏族中有多種藏傳佛教占卜術、苯教占卜術、擇吉術、推命術、相術等；北方少數民族有薩滿教占卜術；不少少數民族如水族、白族、布朗族、佤族、彝族、苗族等，皆有占雞（卦）草卜、雞蛋卜等術，納西族的占星術、占卜術，彝族畢摩的推命術、占卜術……等等，都是屬於《易經》體系以外的術數。相對上，外國傳入的術數以及其理論，對我國術數影響更大。

曆法、推步術與外來術數的影響

我國的術數與曆法的關係非常緊密。早期的術數中，很多是利用星宿或星宿組合的位置（如某星在某州或某宮某度）付予某種吉凶意義，并據之以推演，例如歲星（木星）、月將（某月太陽所躔之宮次）等。不過，由於不同的古代曆法推步的誤差及歲差的問題，若干年後，其術數所用之星辰的位置，已與真實星辰的位置不一樣了；此如歲星（木星），早期的曆法及術數以十二年為一周期（以應地支），與木星真實周期十一點八六年，每幾十年便錯一宮。後來術家又設一「太歲」的假想星體來解決，是歲星運行的相反，週期亦剛好是十二年。而術數中的神煞，很多即是根據太歲的位置而定。又如六壬術中的「月將」，原是立春節氣後太陽躔娵訾之次而稱作「登明亥將」，至宋代，因歲差的關係，要到雨水節氣後太陽才躔娵訾之次，當時沈括提出了修正，但明清時六壬術中「月將」仍然沿用宋代沈括修正的起法沒有再修正。

由於以真實星象周期的推步術是非常繁複，而且古代星象推步術本身亦有不少誤差，大多數術數除依曆書保留了太陽（節氣）、太陰（月相）的簡單宮次計算外，漸漸形成根據干支、日月等的各自起例，以起出其他具有不同含義的眾多假想星象及神煞系統。唐宋以後，我國絕大部分術數都主要沿用這一系統，也出現了不少完全脫離真實星象的術數，如《子平術》、《紫微斗數》、《鐵版神數》等。後來就連一些利用真實星辰位置的術數，如《七政四餘術》及選擇法中的《天星選擇》，也已與假想星象及神煞混合而使用了。

隨着古代外國曆（推步）、術數的傳入，如唐代傳入的印度曆法及術數，元代傳入的回回曆等，其中我國占星術便吸收了印度占星術中羅睺星、計都星等而形成四餘星，又通過阿拉伯占星術而吸收了其中來自希臘、巴比倫占星術的黃道十二宮、四大（四元素）學說（地、水、火、風），並與我國傳統的二十八宿、五行說、神煞系統並存而形成《七政四餘術》。此外，一些術數中的北斗星名，不用我國傳統的星名：天樞、天璇、天璣、天權、玉衡、開陽、搖光，而是使用來自印度梵文所譯的：貪狼、巨門、祿存、文曲，廉貞、武曲、破軍等，此明顯是受到唐代從印度傳入的曆法及占星術所影響。如星命術中的《紫微斗數》及堪輿術中的《撼龍經》等文獻中，其星皆用印度譯名。及至清初《時憲曆》，置閏之法則改用西法「定氣」。清代以後的術數，又作過不少的調整。

此外，我國相術中的面相術、手相術，唐宋之際受印度相術影響頗大，至民國初年，又通過翻譯歐西、日本的相術書籍而大量吸收歐西相術的內容，形成了現代我國坊間流行的新式相術。

陰陽學——術數在古代、官方管理及外國的影響

術數在古代社會中一直扮演着一個非常重要的角色，影響層面不單只是某一階層、某一職業、某一年齡的人，而是上自帝王，下至普通百姓，從出生到死亡，不論是生活上的小事如洗髮、出行等，大事如建房、入伙、出兵等，從個人、家族以至國家，從天文、氣象、地理到人事、軍事，從民俗、學術到宗教，都離不開術數的應用。我國最晚在唐代開始，已把以上術數之學，稱作陰陽（學），行術數者稱陰陽人。（敦煌文書、斯四三二七唐《師師漫語話》：「以下說陰陽人謾語話」，此說法後來傳入日本，今日本人稱行術數者為「陰陽師」）。一直到了清末，欽天監中負責陰陽術數的官員中，以及民間術數之士，仍名陰陽生。

古代政府的中欽天監（司天監），除了負責天文、曆法、輿地之外，亦精通其他如星占、選擇、堪輿等術數，除在皇室人員及朝庭中應用外，也定期頒行日書、修定術數，使民間對於天文、日曆用事吉凶及使用其他術數時，有所依從。

我國古代政府對官方及民間陰陽學及陰陽官員，從其內容、人員的選拔、培訓、認證、考核、律法監管等，都有制度。至明清兩代，其制度更為完善、嚴格。

宋代官學之中，課程中已有陰陽學及其考試的內容。（宋徽宗崇寧三年〔一一零四年〕崇寧算學令：「諸學生習……並曆算、三式、天文書。」「諸試……三式即射覆及預占三日陰陽風雨。天文即預

定一月或一季分野災祥，並以依經備草合問為通。」

金代司天臺，從民間「草澤人」（即民間習術數人士）考試選拔：「其試之制，以《宣明曆》試推步，及《婚書》、《地理新書》試合婚、安葬，並《易》筮法，六壬課、三命、五星之術。」（《金史》卷五十一・志第三十二・選舉一）

元代為進一步加強官方陰陽學對民間的影響、管理、控制及培育，除沿襲宋代、金代在司天監掌管陰陽學及中央的官學陰陽學課程之外，更在地方上增設陰陽學課程（《元史・選舉志一》：「世祖至元二十八年夏六月始置諸路陰陽學。」）地方上也設陰陽學教授員，培育及管轄地方陰陽人。（《元史・選舉志一》：「（元仁宗）延祐初，令陰陽人依儒醫例，於路、府、州設教授員，凡陰陽人皆管轄之，而上屬於太史焉。」）自此，民間的陰陽術士（陰陽人），被納入官方的管轄之下。

至明清兩代，陰陽學制度更為完善。中央欽天監掌管陰陽學，明代地方縣設陰陽學正術，各州設陰陽學典術，各縣設陰陽學訓術。陰陽人從地方陰陽學肄業或被選拔出來後，再送到欽天監考試。（《大明會典》卷二二三：「凡天下府州縣舉到陰陽人堪任正術等官者，俱從吏部送（欽天監），考中，送回選用；不中者發回原籍為民，原保官吏治罪。」）清代大致沿用明制，凡陰陽術數之流，悉歸中央欽天監及地方陰陽官員管理、培訓、認證。至今尚有「紹興府陰陽印」、「東光縣陰陽學記」等明代銅印，及某某縣某某之清代陰陽執照等傳世。

清代欽天監漏刻科對官員要求甚為嚴格。《大清會典》「國子監」規定：「凡算學之教，設肄業生。滿洲十有二人，蒙古、漢軍各六人，於各旗官學內考取。漢十有二人，於舉人、貢監生童內考取。附學生二十四人，由欽天監選送。教以天文演算法諸書，五年學業有成，舉人引見以欽天監博士用，貢監生童以天文生補用。」學生在官學肄業、貢監生肄業或考得舉人後，經過了五年對天文、算法、陰陽學的學習，其中精通陰陽術數者，會送往漏刻科。而在欽天監供職的官員，《大清會典則例》「欽天監」規定：「本監官生三年考核一次，術業精通者，保題升用。不及者，停其升轉，再加學習。如能黽勉供職，即予開復。仍不及者，降職一等，再令學習三年，能習熟者，准予開復，仍不能者，黜退。」除定期考核以定其升用降職外，《大清律例》中對陰陽術士不準確的推斷（妄言禍福）是要治罪的。《大清律例・一七八・術七・妄言禍福》：「凡陰陽術士，不許於大小文武官員之家妄言禍福，違者杖一百。其依經推算星命卜課，不在禁限。」大小文武官員延請的陰陽術士，自然是以欽天監漏刻科官員或地方陰陽官員為主。

官方陰陽學制度也影響鄰國如朝鮮、日本、越南等地，一直到了民國時期，鄰國仍然沿用着我國的多種術數。而我國的漢族術數，在古代甚至影響遍及西夏、突厥、吐蕃、阿拉伯、印度、東南亞諸國。

術數研究

術數在我國古代社會雖然影響深遠，「是傳統中國理念中的一門科學，從傳統的陰陽、五行、九宮、八卦、河圖、洛書等觀念作大自然的研究。……傳統中國的天文學、數學、煉丹術等，要到上世紀中葉始受世界學者肯定。可是，術數還未受到應得的注意。術數在傳統中國科技史、思想史，文化史、社會史，甚至軍事史都有一定的影響。……更進一步了解術數，我們將更能了解中國歷史的全貌。」（何丙郁《術數、天文與醫學中國科技史的新視野》，香港城市大學中國文化中心。）

可是術數至今一直不受正統學界所重視，加上術家藏秘自珍，又揚言天機不可洩漏，「（術數）乃吾國科學與哲學融貫而成一種學說，數千年來傳衍嬗變，或隱或現，全賴一二有心人為之繼續維繫，賴以不絕，其中確有學術上研究之價值，非徒癡人說夢，荒誕不經之謂也。其所以至今不能在科學中成立一種地位者，實有數因。蓋古代士大夫階級目醫卜星相為九流之學，多恥道之；而發明諸大師又故為惝恍迷離之辭，以待後人探索；間有一二賢者有所發明，亦秘莫如深，既恐洩天地之秘，復恐譏為旁門左道，始終不肯公開研究，成立一有系統說明之書籍，貽之後世。故居今日而欲研究此種學術，實一極困難之事。」（民國徐樂吾《子平真詮評註》，方重審序）

現存的術數古籍，除極少數是唐、宋、元的版本外，絕大多數是明、清兩代的版本。其內容也主要是明、清兩代流行的術數，唐宋或以前的術數及其書籍，大部分均已失傳，只能從史料記載、出土文獻、敦煌遺書中稍窺一鱗半爪。

術數版本

坊間術數古籍版本，大多是晚清書坊之翻刻本及民國書賈之重排本，其中豕亥魚魯，或任意增刪，往往文意全非，以至不能卒讀。現今不論是術數愛好者，還是民俗、史學、社會、文化、版本等學術研究者，要想得一常見術數書籍的善本、原版，已經非常困難，更遑論如稿本、鈔本、孤本等珍稀版本。在文獻不足及缺乏善本的情況下，要想對術數的源流、理法、及其影響，作全面深入的研究，幾不可能。

有見及此，本叢刊編校小組經多年努力及多方協助，在海內外搜羅了二十世紀六十年代以前漢文為主的術數類善本、珍本、鈔本、孤本、稿本、批校本等數百種，精選出其中最佳版本，分別輯入兩個系列：

一、心一堂術數古籍珍本叢刊

二、心一堂術數古籍整理叢刊

前者以最新數碼（數位）技術清理、修復珍本原本的版面，更正明顯的錯訛，部分善本更以原色彩色精印，務求更勝原本。并以每百多種珍本、一百二十冊為一輯，分輯出版，以饗讀者。

後者延請、稿約有關專家、學者，以善本、珍本等作底本，參以其他版本，古籍進行審定、校勘、注釋，務求打造一最善版本，方便現代人閱讀、理解、研究等之用。

限於編校小組的水平，版本選擇及考證、文字修正、提要內容等方面，恐有疏漏及舛誤之處，懇請方家不吝指正。

心一堂術數古籍珍本／整理叢刊編校小組

二零零九年七月序

二零一四年九月第三次修訂

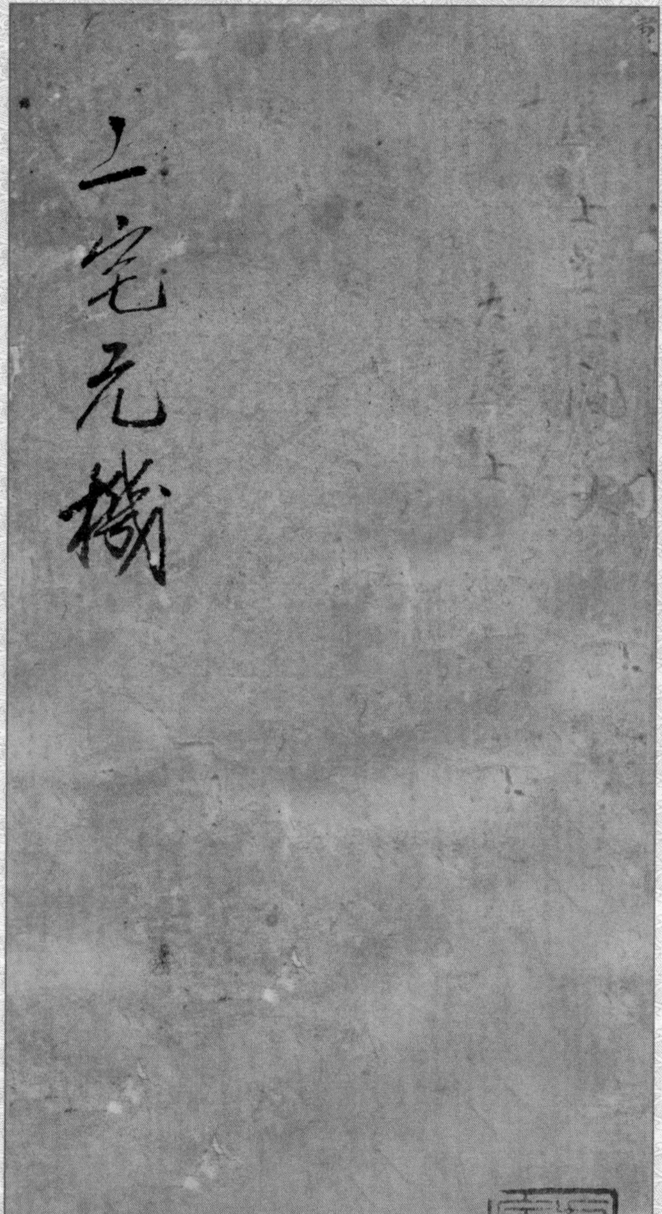
二宅元機
虛白廬藏

六運癸丁兼子午

二宅元机

維我先大父仲山公定阴阳二宅録聰隱見微显毫釐千里名之曰元
机宜哉故學輩欲得之之尚已而未之或与也非秘之是編乃下元之作用
然下元尚有七八九之異又豈上中元所可同之是也於天玉青囊之所以
然岂乎未有所得徒欲藉是书以為附身攝鈎樹謝々誇耀於人為某氏之
秘可是刻舟求劍按圖索驥不致悞人自悞自悞々人也未之有也然則是編
之竟譚之与用可乎非也先大父顓悟絕倫僻嗜地學潛心體究二十年始
入其室遂徧徵古今名家墓宅反覆参稽与間寒暑也又乃十年此乃三十
年功用所聚苟有其人於辨正諸书洞澈本源再以是編為方圓之規矩舉一反
三則三元一以貫之我大父三十年法古證々与之功用何啻取懷而与之哉然而歎

以洞澈辨正訛书本元妙難言之大父当日五十年三吳兩浙恨不以一知已識哉殆可謂間世一出也哉

元机賦

九火屬心經發熱痴狂嘔血一水归腎部遺精濁滯流七兌肺痰消金喘嗽壹勞瘵怯三震肝傷化伐木痙驚空攝神昏九火魁七兌宮牙釘作蘖五土侵三震位脚氣難療九離從一坎去疾火無疑大耗過三震來耗瘋有準五土主瘡疽瘡毒浮腫鰥為四綠是翁媳倫賊爛流作賊同鄰五黃集旋受滅頂之禍九丙寢侵巨臻不絕墮始胎之患痘疹畏慮显然壞於九離宮脾土胃隔番定是魁在八艮土

小兒府積以損命（八艮）上有尤少婦乾血而亡身中之奠（五黃土）逢生故也蓋因不當尅而尅也當洩而不洩當生而不生以致諸端受累（一水六金）宜生（八艮）土宜扶（三震）木宜洩（二坤）土宜化（五黃土）亦宜化又宜制（九火）既濟力量相均自歸中和矣（一水）若或洩或尅則水涸男主遺精女主血滯流崩（九火）遇（巽木）生吹則火逸吐血風狂（五黃土）五不制必生黃病後成瘋祖艮手震足癸足丁心八卦推詳十干類取神而明之存乎其人

神机篇

大哉居乎成敗所係微兮塟也興廢依關氣口司一

宅之樞龍穴憑三吉之輔陰陽分四路善惡只判兩
途數列五行體用悉譽疊全星分九曜吉凶悔吝都
彰宅元不可損傷星辰再宜健旺值难不窮蓋因难
归閑地逢恩不發祇緣恩蒸譽宮一貴當權諸凶咸
脤家凶魁主獨立难支二五交加損主三七疊臨而
劫盜痔瘡漏管蛇被猪欺口眼歪斜雞受羊觸無辜
罹禍官刑受困於震猴驚疾在孀蠱脹遭毒夫坤土
九五成局回祿难逃一四同科名頭發離火昇熖明
喉啞瘵巽木难親經痳肆虐全在疇中討論要識病
鄰延年乾兌鄰居施衬猶諸同列兌坤隔位作惡等

於偕行類此千变悟言無窮盡一水冷金兑寒坎癸之水
不滋夫乾兑金澤山為咸少男之情悦少女若艮配
乎震鰥夫定有發生之机栝火炎土燥离丁何益艮
坤地天為泰老阴之土生老阳若坤配乎兑庶妾难
根寡出之歡心乾兑托假鄰之誼艮坤通偶尔之情
双水成林雷風朝以中交以配水火方交木為火神
之本水為木氣之源巽阴就离風散而火易熄震阳
生火雷奮而火尤明巽与离為交坎共震而暫合坎
為生氣以巽木而輔冠聯欢乾屬元神同兑金而傍
城借主風行地上飆之傷肝火燒澤天当遭蟣婦艮

非耳也筋傷肱股折兑不利乎血唇亡齒寒辰与丞
合疊兑金而衬（病）起愴悴丙臨庚辛加九紫而衬起蕭
墻八在震离之中攀龍有慶九遇坤艮之間附龍可
占二黑入坤逢八白而自招財產（涯）九紫臨坎會三碧
而衍之鑫斯火炎中天必当吐血風以地申（上）定歇生
麻乾鬱兑金買呂曾遭乎貴賤离生坤土莊子难免
於鼓盆廟宇刷紅遇為康貞方（之）耳磅瘟火構臺聳尖
逅遇破軍之位務損人丁破弼鬱在房內常夢壽亭
死尸文武流以坑廁难生秀士文人旺宮孤立遷不
始缺然處重逢静亦勳雪三九至书科發跡六八主

文錦还鄉織濁有臨使居毀物各性等曜饕殘兩處
祈臻建脾强胃諸星阳宅高低亦關氣運衰旺明堂
廣隘又係度量深淺内剋日光方認生尅外察鄰照
須辨吉凶户内占文魁登雲足賀巽方為書館甲第
聯芳如奔風淫已接丙位男遭盜賊外蔽寅宫午酉
相刑招婿入舍巳辛既犯異地充軍外也例論而經
宫酉馬孕婦而亡命并有守寡淫佚巳辛遺臭於家
声旋見失本咨嗟午酉竟困於商旅四六会局敬文
昌而遠災三杀輪方为太阳以解厄頭減天地之元
十干類取爰揣河落之奥秘八卦推詳巧由心悟訣

貴師傳即此類推庶無窮竭
時
光緒二十九年歲次癸卯孟春下浣錫山蓮溪悟極山人抄

三運陽宅癸丁子午

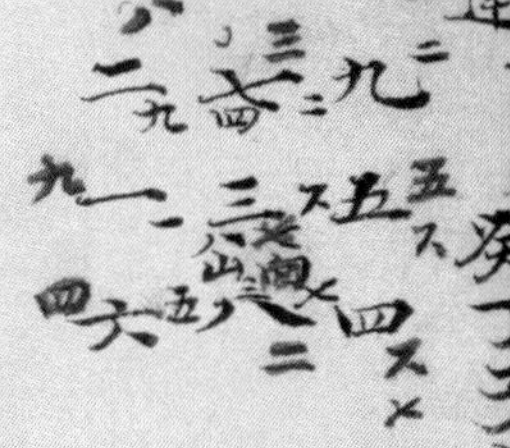

細按住宅五以是七赤五極七即兌為金為少
陰在上中二元正當春夏之令其氣斂伏主吉
自交下元甲戌的正直秋氣猖狂之際再兼向首
所以星辰又是三碧三即震為木為長男又為坎宅之
子息是亦旺於春夏衰於秋冬之適逢其衰時乃丁稀
之所由也庚戌生命立三宮年建向首之震三又逢
兌金相尅是年丁口欠安預先可卜之始用內戶制化
之法以避之第一承巽震木氣之方八白加臨之地八白即
艮為少阳為生氣為下元之旺神又為成始成終之結氣
三与以本屬一宮尚能承之此之氣却合扶阳抑阴之妙

用自能催禄催丁於指日又住宅以白之生氣佈在巽宮能旺上房門移於左邊一間房門移近一架門路便走巽方床移以白之生氣於乾坤兩造庚戌命宮俱然合吉現在房門甚正床之坤方是星辰拱得己土癸水水土相剋主有水土不和脾濕胃寒肠痛水亏肝氣等證

此是天運斷語讀此切莫悞會

八運庚甲兼甲寅
用指甲申年十二月
初二庚申申時

五 三 一 九 二 四 水源

六運甲庚兼卯酉

此局與山數似相左

元空五以向得八白為交甲申正當旺為水自坎來卻逢一白飛合直達補救兼貪兼輔之妙用經云下手先知直達机補救得便宜又曰不直達則取勝為先鋒不補救善後為良策此是也又謂陽山陽向水流陽此也體用兼得丁財秀麗自能永遠不替也

元運五以向得一白坐山得六白一為上元之旺氣用於中元主運已屬退氣又為中元之旺運當用至水反用至山所為上山下水此是之山上下水至丁稀水里上山至財薄此乾亥方有村庄或高坡是方三七反吟主是疾否應不清

此条不能録若作卯山酉向似与此断相近之

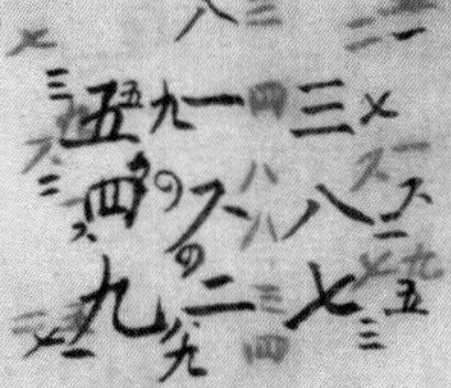

大運酉卯兼庚甲阳宅

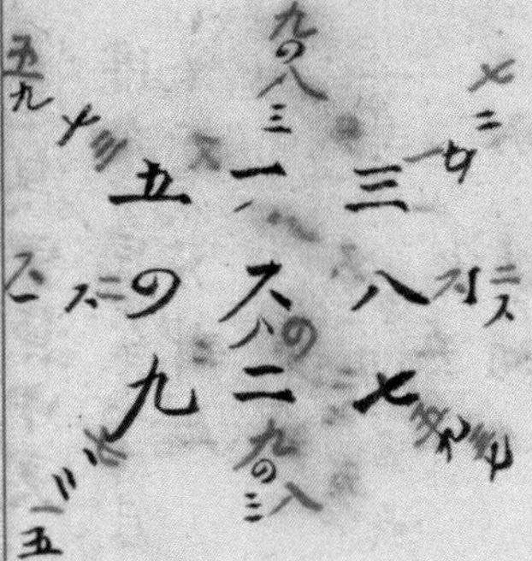

之類亦主退財即中央水裡排来却是少陽立極此謂伏吟主年死当家并主添丁遲〻双山双向吉不勝凶胡從此断乾上有水便佳

山上

元空五以向对二黑二即坤土至上中二元爲天医〻乃交甲戌丙子乾〻与巳退即爲病符自丙子年之後每逢年月二五八到向似多疾病内戸宜承乾兌所臨之方位与向上坤土相生正房現承巽门巽亦是方震木所臨又逢兑金相尅定多肝疾

七運子午兼壬丙　阳宅

八三	×9	九又
又9	二 八又	四 又
五 九五 一五 一九 一又	七 三 三 八 五	九 一 一 三 八 9

高樓

大门为一宅之气口向首一星为失关系全家之祸福上房之路
承气为失关一房之吉凶上房之为气须与大门上承为之星辰位
位相生比和为最好此宅双在坎宫之兑七重叠并有高楼
火灾恐有下人横死之患今移灶位於壬方火门向坤兼未二
七木属一家未有属兑金化气少阳又是少阴之正配扶其阳
而阴自退煞其化气真气自平此即不生我而生我家人不煞
我而煞我同類

又子午兼壬丙　陽宅

九空五以向为太白太即乾金为官贵又为坎宅之生气宅向为
最吉向首既吉门户宜承离坤巽三方门路为更吉大厅前宜走坤路
最八白艮土以扶向首方合从外生入之妙灶位现在丑艮方是

六	二	四
五	七	九
一	三	八

七運巳亥兼巽乾
合塟於嘉慶十六年廣陆老坟
庚辰接

戊己土氣所臨火生頑土至求謀不成宜移西边一間火门宜向西南方是方八白左輔所臨八即艮爲少阳爲成始成終之吉氣又与乾金相生又爲倉廩五穀之庫天市財帛之宮火门向之催禄催官最爲得宜此即所謂虛即補其缺實則瀉其子七逆并能尅化坐山反吟伏吟水裡上山之弊定然化凶爲吉

元運五以水裡排龍向得九九爲離々爲火左右兩爻即是丁亦屬火山上排龍又得七赤到向七即兑爲金山上水裡火金相剋於向向对之處即水聚会之所火金相剋則財退可知也且七爲下元之首領又爲当令之旺氣宜扶不宜尅剛金爆火相尅於向上又在水聚之所此退財之更可速可知也七赤即兑爲少阴爲毀折又爲肺

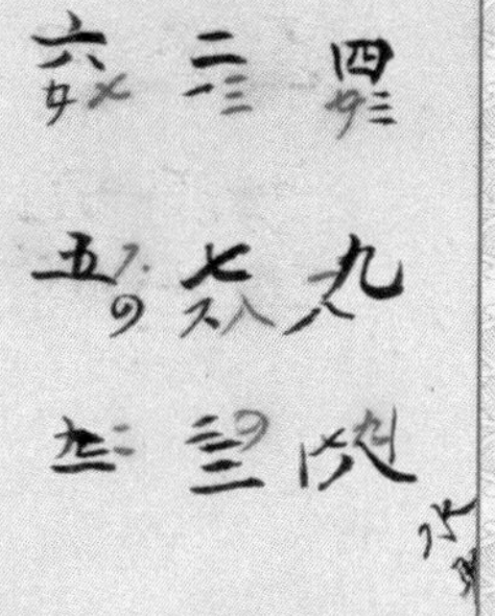

七運亥巳兼壬丙

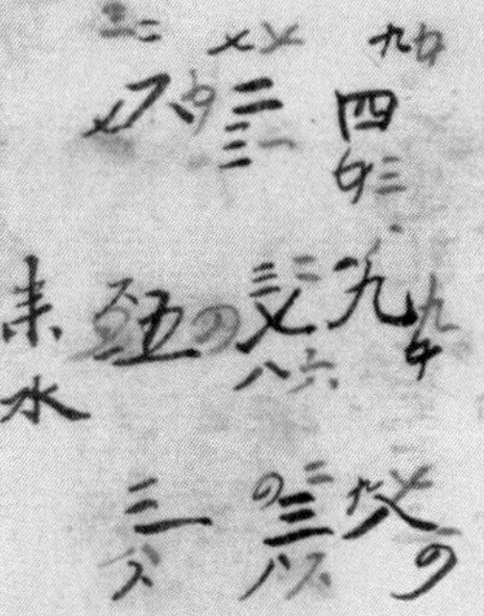

氣見金受尅即是少陰受尅主有肺疾血症坐山又挨着破軍金氣所[illegible]謂水裡上山已屬不合山上又佈着戊己禎土以扶之正所為助紂為虐者也來年太歲在巳八白入中九紫到向火上加油諸事小心寅巳亥三月又宜加意

大元空五行水裡排龍七赤到山所謂水裡上山者此之所謂本山來龍五本向又謂反吟伏吟者皆此也向首排着巳土未水排着巽木土與水都屬中元之旺氣與巳退時用之豈能為吉且用於三月是月五黃到巽與向上巳重疊相臨所謂堆黃杀造葬均忌年建巳卯巳都凶神又在巳宮用於秋冬凶氣稍退尚可求安今用於三

丑山未向

辰山戌向

四　九三六

二四九　七八三

六九　八五一

七運乾巽兼亥巳

坤龙入首离方高峰水神自西東閒泬停蓄用于癸未年十二月初八巳时

四三一　九五七

二三一　七八五二

五七一　八九五三

水来之源

月逅机相湊其効五見即下年癸未七赤又到坐山丁口久安即未

年九紫到山亦不甚順利若用丑未辰戌諸向則山向水都归我用

丁財是發穩息也

元空丑以水裡上山月建又逢兑七到山此謂伏吟山上接𠒇又旧

破軍到向即謂上山下水用法顛倒以堂坐水地尚可求安有発尽

特朝坐臺可知以虽坐臺山戌上有低田低地平遠空曠亦能獲福

切忌高地高田土堆高墩村庄屋宇於坐山主基地即有口舌官符

喉痛不節之患即丙子丁丑二年坐山三七相冲三即震始木七即

兑始金金木相尅所始反吟地是之其年室又官非口舌并多疾痰

即癸未年建七赤到山女丁小口亦多不利乙酉年暗建臨山此

事小心丁卯戊巳六月似有丁口欠安之象急宜更改山向自將來

始福或于來年秋冬擇吉將堂墩腳去重堆卻合修砌之妙爲之要

改十年內丁財兩退皆由山向及水神用法不得其宜耳是故須得

乾兌爲三方又水去來逢流年紫白三七二九剋山向是年更多剝

剝削

七運辛乙兼戌辰十三十九分金

元運五以山上水裡均得七赤所謂陽山陽向水流陽也是之運主

財源大退如嬸丑北方來水排得況以九動于丑亥向首兌金相剋

兌爲當令之氣被來水相剋主血症久病小口欠安之類主戌之東

北方田形電廣排得巨門坤土亦主久疾腹痛等症女丁欠安之

類山上與向三七相反金木相剋主添丁遲遲財源亦不能久聚都

由火金相剋之故初用在戊申辰年歲君在辰所用山向都朝太歲是亦稍咎之端合葬在甲戌年正月是年戊都在辰立向又沖都天正又在戊都當令之候尤必宜犯交戊巳流年是年五紫白向首未水相剋之主火安即巳卯年二月戊都又臨向首土氣重重尚發水号之症即今歲紫白巽震風木之氣加於丙丁火熠熠之方火旺金衰亦主肺痰血症之類來年壬午太歲在離冲動來水風火之氣亦是不甚妥究其所由皆因立向不得法之故也

連頁改向附圖并說

改向辛巳年戊辰兼辛乙五分

二宅雖以向首一星為禍福之柄然必察來水之源所得星辰可否而定吉凶也原向來水赴向是之有此應今改戊辰兼辛乙三分向首星得一六金水吉曜來水之處得一四水木柔順之氣與向上星辰又得相生相合所謂合則和柔則妥即此之謂也又所謂當元直達先時補救即此法耳

八運庚甲兼酉卯
道光四年改

元空五行向得八白八即艮為左輔為官貴又為下元當旺之氣宅向得之最吉更與山向三八相見四九為友此即經所謂陰陽相見者此也陰陽相見最利讀書并主悠久門戶承震坎艮巽四方切忌離坤乾三方

七運庚申兼申寅

元空大卦山上水裡顛倒悞用上山下水兼丁財薄之山向也自用後十年甚屬不利惟丙寅到乙亥此十年尚可稍吉然丁丑巳卯數年亦不甚妥所謂吉地凶葬者是也

六運辛乙兼酉卯 丙辰年

用兼向同

辛酉龍入首坎方來水坤方亦有水來會於穴前一直消出毫無曲動情形向前見塔却在乙方局寬水甚氣力微弱即有泡墩都由人力所成上山下水用法顛倒坎上來水即得微嫌太早并與乾兌旺神相剋丁稀財少半由乎此交甲子運一白臨山自能丁多財旺可望讀書有成

七運庚山甲向兼酉卯
十七年壬申季秋用

元空五行向上排来七赤到山此謂之本山〻上排来七赤到向此謂之本向又謂之伏吟經云本山来龍立本向反吟伏吟禍難當即此之謂也宜移右边丈許前二三尺仍用庚申兼甲寅三分丙辰年安葬時宜用甲向悞用乙向来山去水都失壬申年葬時當乙向悞用甲向兩〻相錯故有此應

道光甲申入運改葬
庚甲兼甲寅
自斷

元空五行向得八白八即為左輔為官貴又為中下二元之旺神向上得之最吉最利更能始終悠久又為父土相生山山上拖来震木臨山三八相見四九為友經云陰陽相配者此也来水去口坎坤巽三方星辰得利定卜丁財兩旺且能讀書有成

是圖細究諸訣可得

七運辛乙兼戌辰 張宅 壬甫用

此局之山上向首尚可求安可惜坐下無氣又不能就局水又直流乃丁稀財薄壞也更兼三乂相尅於坐山丁少可卜矣

連下頁改向兼看

八運改向乾巽兼亥巳

甲申年用

改向移上辛酉龍水從坤來過離巽消出乙方去口為下河閘攔收小水不見直出之形經云來山去水盡合情又云體用一元天地氣陰陽合得九星靈即此之謂也

壬癸龍入首原向穴近界邊與氣不接向水直流來狹去濶穴之右邊特低數尺接着泡壞後靠前對泡壞

七運陽宅子午兼癸丁（甲戌）宅

元空五行向得六白六即乾屬金〻以土為生氣以水為子息木為死氣火為煞我之神亦忌上房内户宜走巽方門路是方一白水氣所臨次走坤申方是方少陽艮土所臨此三方門路却有益向首上房門路現在正床之乾兑二方此兩方星辰均屬不利宜改坤巽方為妙向上既得乾金灶位須培艮土方合

安床吉課

癸未　庚申　壬辰　乙巳貴人

配合生生之妙灶位火門宜向艮方為合火門現向甲方是方佈着九紫丙火火上加火微嫌太過并兼剋向之乾金宜改巽向俱合

甲乙四本辰

庚子二土申

擇於七月二十六壬申日巳時安葬床

七運憲署子午兼壬丙三分

大元空五行向得六八合成生天大畜有喜有慶之卦頭門又在巽方是方佈得一四水木生成之氣與向首兩星適合三陽所謂三陽開泰是也富貴無休即此向也向門既吉必須局勢寬平使有蓄聚情形乃為更吉今按小教場實為憲署之外堂現有磚石民房以及神廟城樓阻塞坐山是方佈得先七伏吟於此在上中二元陽氣方升之

際猶可今在下元水遇流年星辰殺氣沖犯尚有美中不足之件今交下元兌七陰氣當令是即坎方尤宜低空見水為妙今有高樓神廟阻塞於堂後更神廟城樓暗射北方私梟之盛商力之乏大都由此今用以柔制剛之法於壬癸二方開井兩口以洩陰銳剛燥之氣制化得宜自能柔順永遠官商富足則財恒足矣

六運陳氏吉壤壬丙兼子午

元空五行向得剛金山得六白山上龍神又得戊己到向金土生生最為吉利獅山橫山均屬有情向穴星神又佈得魁星文曲體用都合最利讀書

此篇斷語必定用於山地坐山必須高峰方為合局平洋反此讀此自懷莫被瞞過

七運戊辰兼乾巽
霍宅癸未用

此地登穴須見巽震坎三方有水為妙又必須乾兑龍入首山水都合自能丁財並茂平安悠久忌見艮離二水離方現有高屋定主多疾

八運酉卯陽宅

元空五行水裡上山用法已失向首既失內戶宜承乾兑離三方門路為妙艮方平氣出入亦合切忌坎坤震巽四方門路有則改之尚可求安

六運庚甲兼酉卯 內戶壬丙兼子午

此宅大有可覌奧妙非常

元空五行向对入白入即為艮土又為成始成終之吉氣向首既吉內戶宜承坎坤震三方門路為合現離方出入是方氐巳頹土所臨土上加土微嫌太過似有中滿水虧之微癖恙內戶既得重土上房門路宜接乾兑金氣所臨之池洩之為吉乾金佈於坎方兑金飛于坤位上房果能接此乾兑巽離二方門路自能招喜慶于目前切忌接覌後

六運內戶壬丙兼子午

四方有門有路有則改之宜移于吉氣所臨之地為佳賬房自是銀錢出入之所承接之氣亦宜坎坤二方為要經云從升生名入為進者此也現承辛酉方門路是方震三木氣所臨與向上相剋宜進承得坎癸方門路為吉

灶門約在火門須向乙方火生艮土最利丁是宅吳德翁所住

七運乾山巽向 吴德翁坟 在薛星山

元空五行水裡上山主財氣平平所謂本山本向者此也向對戊巳土戊巳為中元之旺氣今交兑令土氣巳退亦主財源不足幸喜土高氣厚有龍有氣再兼午丁方池水用得合宜初年可冀平安來水紫白入方伏吟是（有）破財之患吉壞候交甲申年季秋擇吉將金墩加大且高如做坟一般或將金門檻放寬數寸或移前均可

六運壬丙兼子午

向首一星佈得戊土来水湯兑金之土雖則相生实則生出定主財源不旺去水雖有離九經云紫白並為吉曜然微嫌太早須交甲申年方能轉機

七運壬丙兼子午　貝亦香陽宅己卯年十二月十七進宅

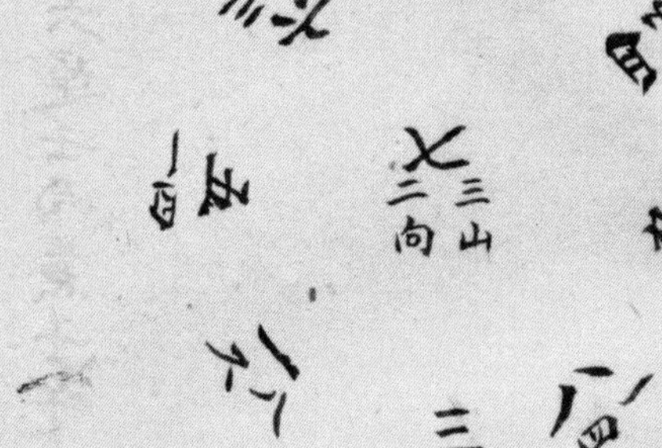

元空五行向得兑七重〻所謂伏吟者是
也兑乃西方陰鋭之氣性偏為虎又為
為剛燥又為肅殺之氣又為白虎又為
折毀諸般形色性情均非宅向所宜第
一大門急宜改向子午兼壬丙三分最
為妥當武將宅內門戶門路宜走乾坎
艮三方亦吉向上既得兑七伏吟內戶
制化之法宜洩金壯水為盡善次臨官

貴陽氣所臨之地亦能平安切忌震
巽木氣之方凡有門路急宜改移吉
處為上原向所嫌陰露陽藏再兼方
門內戶都走巽方巽乃震三木氣所
臨之地主為向所尅者是也木受金
尅主多肝疾口疾主卜人口只安并
防失財為要老房門現在正東之丁
方門外來路由坤而轉庚進房門与

路火金相尅主財薄心芒肺疾等症新房做於右迹一間房門靠東朝北安床宜朝東移于南第二三架承走艮氣正合少陽來路房門都在少陽方上此即來路房門陰陽和合萬物生生一法居之自安且多吉慶

七運原向壬丙兼子午

自改後凡有門路行動宜走東南方正南及西北正北四方上房內戶門路均利惟忌東甲卯乙方門路行動也吉宅東路甚少即內宅外惟灶下便門却在內宅門之甲卯乙方宜將此門移前一架便合可做曲折不見此便門更吉

吃麵

問事動不動吹六字加坎六即乾為水似動不動其權在官長日逢巳亥時值戌辰其機已動癸卯日定有音信麵字加於巽宮似有兵役書吏阻滯之象須防小財到丙午日時見頭角或因此而下人口阻滯亦未可定如果成就准行將來理直力省且便而簡非但有益於己而且有益於人也

八運丙壬兼巳亥 陽宅

元空五行向得八白八即艮為成始成終之吉氣宅向得之最吉最利向上既吉內戶宜承甲乙壬癸所謂金也美次即艮路亦合生生之妙 切忌兌門兌路及坤未有則改移為妥

上房現在正床之寅方門 外未路由庚方進房庚上是坤二病符 所臨久居恐有中滿水虧之症宜移吉氣處為佳灶位現在一宅之乾方火門現向巽辰 亦屬宜改向壬方艮方恰合催祿催生之妙

六運子午兼壬丙陽宅

兼三分

元空五行向得六白且重六即乾為金為玉又為坎宅之生路更吉上房門現在正床之午丁方門外來路均由震方而來直而且長是方所得星辰又是震木坤二久居恐有肺疾宜移北丈許須在上房門路艮方為妙灶位現在統宅之艮方挨得兌七疊臨兌屬為金少陰為肺為口灶位在此主肺經血症之類宜移于北方為合火門宜向庚辛

艮方作灶為火象是方星辰挨得兌即為火尅金故不吉耳

七運佳城壬丙兼子午三分

元空五行向對兑〻重〻是為伏吟巽方小屋所得星辰與向首三七相及兑上鄉山挨着火金相剋所謂火照澤天即此是也火剋兑金主少陰欠安且多血症經云隔向一神尒即此也丁酉年火燭更要小心即添丁〻總陰多陽少都由九七陰數之所致耳須修龍法以補之宜將金墩加高四面多種樹木以遮之尚可安而久吉矣

七運酉卯兼庚甲

元空五行向對兌七左街道恰在大門之
之坎上是方佈着九紫火曜正剋向上
之兌金兌為少陰為羊為雞又為皮毛
主肺經之疾門路又得九七主好飲并主
肺氣不舒之恙現在女病須過十五癸
卯之日癸卯之干支恰於兌七相沖故也

七運辛乙兼戌辰

元空五行坐山兼輔向首兼貪最妥最穩最加未水約在離宮都合旺氣并兼相生丙午特朝又得補救合宜体用兼備生旺全收斯為上吉之局

此章之義字字珠玉讀此務宜細心參究

六運甲庚兼卯酉三分

元空五行向得六白六即乾乾為此卦之首又為下元之生氣山上排龍又得二黑到向二即坤土土生乾金恰合天地生二之妙坐山一向又得金氣到山此即乾山乾向之讀（謂）也一與六合又得天地生成之數丁財人秀三者全備真吉壤也

七運午子兼丁癸三分

此穴六情真的神氣滿足兩砂環抱層層開面相向壬癸略見湖光此謂照神亦屬不即不離諸般都是穴情之真佐證立午山子向加丁癸三分元空五行向得重七七屬金為下元之旺氣挨於水裡金得水則生主多丁財水自辛酉方來是方位得一白一即魁并与向上之兌金相生又為兼貪卻合補救之妙至

讀書悠久殆交甲辰運定發科名徵嫌
未山未水均屬出卦又得水火交離所以
應驗遲耳如用丙壬兼午子更合

七運乾巽兼亥巳

陽宅

元空五行向对戊土〻〻為中元之旺氣交下元即為衰退之氣又兼正尼子午兼癸丁之坎宅〻〻見土當避恰交在向上難于趨避之所此其一也即挨得兑金_{旺氣}已屬不合又見雞宅相剋于山此其二也向首既对頑土内户宜承乾兑金氣以洩之方合從外生入之妙吉宅乾陽内伏兑陰受剋于山洩之一法亦無所用此其三也祗可

用疏土之法以剋之今將大所前 正庫门擇
吉開上以與巽方大门天井 稍遠之巳土
雖頑其恶自輕且巽巳方在第二重庫门
看来又移在巳丙之間此方 震三木氣所臨
又得一白水以生之木旺土氣自裏(衰)此亦疏避之
一法也此宅丁卯年戊巳頑土到向進宅後多遇
五黃二黑到向流年自有欠利之事

七運壬丙兼亥巳

元空五行向对兑七且重七七即兑為下元之旺神用得其時最吉所謂得氣先施力自遠再兼一六水氣坐穴後山與向金水相生最悠久之山出向也未龍形勢活動擬得一白文秀之星主讀書易成性情和平即艮丙乾坎之水用法都合并補救直達之妙経云不直達則取勝無先鋒不補救則善後無良策此山向都合其法耳着眼

七運子午兼癸丁

立極星辰二黑坤其色黑其形方又名死氣灵柩停此合吉無逢四祿九紫震三木氣到此年月禀忌乃元空五行向得六白又加之以八白金土生暗合山天大畜之卦有吉有慶之向也山上水裡三陽均排到向所謂三陽水向富貴無休恰合此用法微嫌坐山兌七伏吟暗与震三木氣相剋至甲戌旬多口舌并有使女下人口舌更看吉宅之最忌者三叉路与屋角簷大首看來諸般多在甲卯乙亥是方佈着九紫火數

又与巽四木同佈此方風行火動有碍向上之乾金水
心火爓与宮事為佈要內戶剎化之法第一以壯水為
妙水旺火氣自洩此一定之理也第二以扶陽抑陰泄
風火為先恰合治風先治血治火先治風之意
即內戶门路凡有行動之處均宜走東南巽方
此方吉宅之氣佈於此也即灶位火门亦宜向東南方
為妙此即壯水之法耳再於東首明堂內靠南第一進之
後第二進之前約在統宅之巽方開井見水此亦制化

之一法也
元空五行向对震〻即歲星〻主多福多壽
微嬪今當兑令木氣已退主足疾肝氣之
類内户須承一白水所臨之地方得生〻之妙
吉宅水氣佈於坎宮实難承接即未耳年紫白入
方伏吟加臨似有欠妥之件

七運庚申兼酉卯之分
內堂壬丙子午

七運甲庚兼寅甲

元空五行排得二黑到向兑七到山二黑即坤在上中二元為天醫福德交下元即為病符死氣故向对此主多腹疾并主女丁欠安多病久則恐防水虧等疾坐山兑七又得震三木氣相沖是方宜低平忌見高田坟墩及村落如有此等主喉痛血疾口哼微恙并多陰人口舌登穴須見乾坤巽震四方有水為妙兑七本應排入水裡今反用於山上主財不旺丁亦不足須見坤水或坤方低田平空丁財尚有可望耳

七運慈雲菴山门酉卯
兼庚甲

元空五行向对兑七二為金為澤為少
陰為秋為義為折毁山上排未又得九紫
火数到向火金相剋主多肝疾肺疾辛喜
大殿向南方之挨着一六天生地成之数
一即坎為水為休為玄武恰与向上所星
辰金水相洩恰合以陽制化之妙且
合天得一以清地得一以寧仙佛得之
則能靈仙佛靈廟宇自然安妥

八運亥巳兼乾巽

獅山来龍屈曲 活動有起有伏恰到近穴特起石峰轉辛入首再起土墩開面巽木草色澤都有神氣土色精神亦多光彩即近穴田塍塊〻有情向穴田源去水處〻均歸穴前種〻皆穴情之證據也即覌其動情察其照應按其形勢看其穴情似乎得穴之處在乎主穴之左左略上數尺另做

羅城當立亥巳兼乾巽分金正对山上塔頂穴前朝案舒轉即近穴墩㕣乃左横山皆為我用矣再兼得時得令定卜象永久福澤之吉壤也三卦恰合艮山艮向艮峰之吉局

六運乙辛兼卯酉
倉前張氏其地樓门

元空五行向对玄武〻〻即坎一為休為貪為魁為水山上排龍六白乾金到向恰合天地生成之妙向上得此讀書最利并主安妥悠久惟子水直長有權有力恰有有真情向穴所嫖挨着星辰是中元首運之旺神今交甲中運衰退已極再兼九紫火曜相泄恐有瘋顛疾病之症再兼水裡龍神

挨到坐山〻後見水為妙現有舊故
土堆屋角阻塞於山後山僧人丁用
法欠妥主丁稀即辰方屋角挨着光
七亦主丁不甚旺幸喜巽方水光照
天丁財妥足之吉壤也

七運壬丙兼子午

元空五行山上水裡此謂本山本向者如穴後丈許見水為妙否則主肺肝之疾久處恐防人丁稀二耳沖殘子息宮故也

細察此等山向尚可無虞不知因何而有此斷語未識形勢若何耳如乾艮二方有水決不坏也

八運癸丁兼子午 蔡氏

元空五行向对重今即艮為少陽主吉惟癸方別家新扦坟墓门却在子癸之间遮攔来水阻塞後山高而且迫是又佈得九七剛金爍火到彼年建丁亥辛外是有女丁欠安之事即小穴口不甚妥并下人使女花柳之塲都要用心隄防其餘坤離兑坎诸方均合惟巳方去口用法又要後山有磚且

屬火金相剋之氣制化之法第一以壯水為妙吉壤之一白水氣佈在兑方穴傍之曲水雖在庚上微嫌大狹急開濶為佳此乃制化之妙最者也其次開寬見水亦合再次多用紙綻燒化于後山亦能稍解必須擇丙丁吉日更妙

八運子午兼壬丙三分

大門為一宅之氣口坐山朝向為迎人引氣之主宰原向壬丙加子午分金向首一星似乎不合故用特換星移之法將大門移向子午加壬丙三分向首即得八白恰逢成胎成終之吉氣艮為少陽又為慈善其色紅紫其氣平和其運正值旺令宅向得之自然安平悠久催丁催祿於指日也大廁前直去離坤巽三方門路最為吉利廁後上房內路宜走坤兌離三方恰合從生入之妙

六運癸丁兼丑未陽宅

元空五行向对重六〻即乾為金又坎宅之生氣宅向得之最吉向上既吉内戶宜承離兑艮三方門路為尽善在大門外大厮前宜走巽路取坤土以扶向首大厮後及上房内戶須承兑離艮三方門路方得陽土生陽金之妙

八運癸丁兼丑未

元空五行向得少陽重〻少陽即艮艮為山為止本為成始成終之吉氣性情平和形色明亮并為下元中元之主令宅向得之最悠久且利官貴内戶宜承離兑坤艮四方最吉即乾六合

八運子午兼壬丙三分

艮龍入首乾兑來水兑方稍潤將見水光有機有力有聲宅前未坤來水到巽橫河深坑欠少止蓄團聚之情宜乎巽震方添壩一道是有止蓄之實狀再將小溝開通使水向宅旋轉抱繞之處屈曲仍歸巽方消出流入大河如是則來源暢遠去口曲折方為久遠之基矣宅外宜見坤兑離艮諸水宅內宜走坤兑坎艮方门路為最

四運乙山辛向

元空五行上山下水用法顛倒丁衰財薄之山向也未水三七相反水財祿財財退可知矣且於兑七其情慘淡其氣肅殺正尅向上巽木木受金尅主女人口舌顛倒之患并有足疾血症之類皆因立向之謬吉地凶葬者此也更易甲山庚向木木皆為我用矣即可轉禍而為福也

五運子山午向

周氏陽宅坐北朝南為坎宅坎宅屬水以金為生氣以木為子息火為難神向上現得巳土土剋宅內原主丁少內户制化之法急宜挨金為要金旺土自泄水自生矣如承艮寅門路恰金從外生入也大門繞宅之辰乙方上房門向西都在正床之庚上出房門即向北走三間再轉西房門上所得星辰金木相剋柰年白虎到庚自有添丁之慶添丁於柰

歲月二建又逢大殺主添丁不育并兌金受尅於離宮定主肺痰血症之類再兼生肖屬羊自有此應年建又是兌金伏位小口難留無疑矣再灶位在一宅之艮方是方六白乾金所臨之地乾為坎宅之生氣又為一宅之父兌灶位在此火尅乾金主長子壽元不足長帶心虛頭痛血虧之症吉宅再要者先將灶位移於別處或移于巽震二方為

最吉次將上房門移于艮震二方為大吉果能移於艮上定丁盛財足再或將大門移於午丁二方另換分金亦吉

臨穴指南序

章仲山識

古云地理之道看書不如覆坟多又云得法歸來好看書故巒頭為體理氣為用然歷來談地理者巒頭有証竟作開場大旨理氣無傳反笑愚惑之訛說人所共信殊不知名雖葬地實係葬天地隨天轉良不誣也近有時師假捏三元之法某運某向鐵板不易可發一笑要知元運元之各向可立盖以砂水峰巒應立本元何向方稱元空秘旨豈時師在夢說三元之法乎予既得其法又精參舊地運會胸中是以登地觀局必探其何運所扦自符於法草錄斯本因名之曰臨穴指南未識可卜高明一笑否

一運癸山丁向 常州張宅

坎氣坤水曲朝離向逶迤合聚巽方折消艮出葬時有二子長行二次行四俱窮迫葬後長生三子漸能讀書入泮補廩以後連生葬者之曾孫書香不絕入泮頻頻名師賫賫財氣不缺亦不大旺次子身棱卅同之例生五子各援例次子出仕縣丞并署篆葬時即為水客大發貲財豪氣森森凡遇公事與府縣會同紳士共推為

倡蓋義重財輕故称百萬其實分時只有四
十餘萬現今葬者曾孫出仕縣丞亦邀縣署
已後亦有富者亦有敗者雖然地已美矣
未能十全此局取得轉星城五吉也

一運亥巳山向 楊宅田龍

大龍身自坤方而未轉庚酉辛戌乾亥壬子癸丑艮寅而去此地之氣從乾腰落向巽開窩作乾氣乾方湖水巽震水案山開面彎環自明迄今科第連綿富称百萬丁財大旺

二運子山午向 石塘湾

庚酉辛大塘河水自坤離巽震復轉辰巽消出其坎方直涘當背冲來龍氣糢糊有似兑來有如離方過河而來案問諸師皆不知主何龍脉但知葬後本身發有五六十萬地之佳美在一水得神閬地者可不細心耶

二運丑山未向

錢狀元祖墳在錢茶山艮
龍

右左二山環抱坤峯高遠而秀美可
愛未申太湖光亮離方圓塘如鏡貼
近茶山係庚子生故發維城公狀元

其地十道坎夘午丁未坤皆消未艮
辛乾上皆峰乙未年葬、下發至五
運壞官敗財

碧運外山酉向 無錫鄒宅

外上高山尖頂落脉縮細又聳尖頂仍落脉生石鉗〻前土墩緊靠墩葵左右山形一如圈椅土峰軟砂數層以作內視乾峰遠出十餘里堂氣寬大巽離坎皆聚內堂庚酉辛方龍游河水十餘里長屈曲来朝故發忠倚公狀元其地在離

三運子山午向

稽中堂祖坟在軍張山

乾亥来龍轉坎入首艮蕩坤水曲至離方大開陽面消出巽酉辛戍低田細看結穴在極低處可見手法之妙

三運午山子向

盧橋薛宅

離方高山出脉落平田结穴坎坤震巽乾水葬後大發丁財此謂局所外山外向之說也

三運辛山乙向 吴姓甲辰年葬在趙家山

甲卯乙大塘扦後乾隆乙卯年中舉人二人
丙辰進士丁巳進士辛未年又一人保舉經
學此亦一吉之局最長久

三運丙山壬向 錢伯堈祖坟

甲庚丙壬水亮平地開窗葬後出神童卓吒
塘辛巳年葬交四運庚山甲向辛戌來龍乾坎
坤巽震水消艮六運發科

四運甲山庚向 前州唐姓

巽方大龍身從乙卯甲寅艮丑而去寅甲方勝落結穴左右小水環抱內堂壬水瀦如鏡亮過亥戌乾又開洋如鏡辛酉狹細庚申又亮如鏡坤又來細不見水光未丁又亮如鏡仍從坤申轉至庚酉辛方又大開如鏡再轉至未大河更大開洋如鏡共計大小員亮水光六節貫串連珠若是之地亦天功神巧財有二十餘萬長房五孫次房二孫富既已得貴必將來

四運酉山卯向小紅橋施宅

屋後低田兑水遠来不見從乾坎至艮轉甲卯乙橫過巽巳方橋下消出宅中有池大發丁財入泮一人寡居三四

四運庚山甲向王武沂稟年用

庚酉辛戌乾亥壬子癸丑艮寅甲卯乙辰巽巳一圈亮水六運又附葬二穴四運扦後癸酉科中舉人運捷共發三進士

四運壬山丙向　梅村殷姓旧宅

巽屋坤水來雜橫過至巽消丁卯年痢疾
傷三丁心痛此局病在巽方可考矣

四運巳山亥向　壬寅庚子癸未年用

丁未坤申庚一路水從乾轉至艮方屈曲消
出癸上大河見亮初忻不利交至乾隆三
十二年發財起至六運才秀均發

五運乙山辛向　鄭運官祖坟

乾水長大来酉辛水坤消出傷屬猴人丁未年六入中

四運酉山卯向　鄭華官祖坟　乾隆十八年用

坤方高山巽龍轉兑落脉坎低艮上池水甲卯横過至巽而消明堂寛平坎上尖峰近巽遠長房絶至二十九年交五運發財丁至五十六七年官訟退財於四十二年合葬庚子生至庚申年入泮庚午年中舉

五運乙山辛向陶沅祖坟在營社山

艮丑寅甲卯乙辰巽巳高山卯上半山微有脉即依脉葬在半山巳丙空乾亥澗水從兑横過至

消出未坤

大湖〻中有園小山一座扦後大發丁財丁卯年發科其在宅六運造癸山丁向坤離巽横街巽上另有一街住後多病乙丑年依原向重新翻造而安焉

五運丁山癸向

新瀆橋錢家錢官三十八年用至四十四年又葬同向

丁峰坤山庚酉山遠甲庚來龍坎低田艮內堂浜水至夘見亮丑艮寅外堂大水從甲夘乙至辰巽消出未上揷浜水從丙丁巳至巽辰合消丁丙屋遮午見亮葬從大發丁財

六運又另葬辛山乙向

五十二年山地

坤兌乾高山坤氣庚酉澗水外乙水池艮墩貼近寅高峰葬後大發丁財嘉慶十二年傷女丁十四歷七十六年傷一小丁十二至十六年犯欽部官司未破家財其住宅造子山午向於六運中九間一層六進靠東第四進作米倉有旺神第五進作倉無旺神

偶見一改五運乙山辛向

坤申來水庚酉辛橫过至戌乾聚於亥消丁財亦好于六運合葬即大不利所云不知用法豈可妄為人扦葬古云我葬出公卿你葬出賊因良不誣也知此用者斷不可為其合葬必欲強勸其另穴即欲於此作坟必須改向另葬如必欲合葬務必勸其將前葬之棺同新棺一併改向合葬否則雖至交至戚斷不可代其合葬也

五運庚山甲向

離氣夘蕩庚酉平田葬後四子皆不生育至六運即於是穴發開動棺重新分金後六七年四俱育財亦美好此一吉之局可保長久前一局出運即敗故地理元奧千变萬化全在活〻潑〻精參其奧妙此乃口不能傳盡在心領神會且同是一吉之局一速一遲似同天壤之別奚能劃一也此即所謂我葬出公卿也

五運酉山卯向

丙氣辰巽直水扦後交六運甲申寅年犯人命破財庚申辛酉連傷五子此為一吉之局出局不能保也

五運未山丑向

亥壬子癸来水甲卯乙辰巽水来會合丑艮寅方消出扦後大房生男難育二房有丁無財三房尅妻

五運壬山丙向

巽上来水丙上亦見水坤上三汊消出壬方艮寅水亦歸壬消出外上来龍杆後大二两絶四六两房好

五運癸山丁向造陽宅

巽上浜水從離横过至庚酉方曲消巽上即孝牌坊靠東边一家亦五運造同向丁財好二子一女皆瘖啞

一家靠東扦子山午向窮而出賊
一家靠西扦丁山癸向丁少財大好
一家扦午山子向出瘋疾一坟之吉
凶各異而扦葬之穴亦不一吉凶各
判所謂左挨右挨只在指掌之間又
云水迹花法發水中红也

二宅玄機

附青囊經

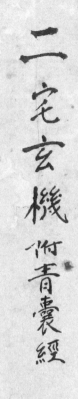

挨星奧訣　此訣合盤而算人人可知非也

甲癸申貪狼一路行一　巽辰亥盡是武曲位六

艮丙辛位位是破軍七　坤壬乙巨門從頭出二

午酉丑右弼九　寅庚丁輔星八　乾戌巳文曲四

子未卯祿存三　後訣合前而算

未卯同坤壬乙・　未卯巨門出二　酉丑同艮丙辛

酉丑是破軍七　乾戌巳巽辰亥　並是武曲位六

子同甲癸申　与子貪狼行一　庚午丁同寅弼星九

此法親友家藏不可泄漏天機青囊總秘要訣真堪鐭輿譩

一運

乾山巽向（亥山巳向同）壬山丙向（丙山壬向換星眞例）子山午向（癸山丁向同）丑山未向

八三 四七 三八 九二 四七 五六 三八 八三 七四 七四 二九 三八

六五 二九 七四 二九 六五 一一 一一 六五 二九 九二 四七 八三

一一 九二 五六 七四 八三 三八 五六 四七 九二 五六 六五 一一

艮山坤向（寅山申向同）甲山庚向 卯山酉向（乙山辛向同）辰山戌向

一一 六五 五六 二九 六五 七四 五六 一一 九二 六五 二九 一一

八三 四七 九二 四七 八三 三八 三八 八三 四七 四七 九二 五六

三八 二九 七四 九二 一一 五六 七四 六五 二九 八三 七四 三八

二運

乾山巽向（亥山巳向同） 壬山丙向 子癸午丁 丑山未向

六四 一八 二九 四九 九四 八五 一三 八五 六七 八二 三六 四七

八六 三一 七五 二二 七六 三一 三一 七六 二二 一四 五八 九三

四二 五三 九七 六七 五八 一三 八五 九四 四九 六九 七一 二五

艮寅坤申 甲山庚向 卯酉兼乙辛 辰山戌向

二五 七一 六九 六七 二二 一三 三一 七六 八五 七九 三五 二四

九三 五八 一四 四九 九四 五八 五八 九四 四九 五七 一三 六八

四七 三六 八二 八五 七六 三一 一三 二二 六七 九二 八一 四六

三運

乾山巽向兼亥巳　壬山丙向
一八　六四　五三　二四　六九　七八
八六　四二　九七　四二　八七　三三
三一　二九　七五　九六　一五　五一

子山午向兼癸丁　丑山未向
五一　一五　九六　九六　四二　五一
三三　八七　四二　二四　六九　一五
七八　六九　二四　七八　八七　三三

艮山坤向兼寅申　甲山庚向
三三　八七　七八　七二　五七　二六
一五　六九　二四　五九　一五　六一
五一　四二　九六　九四　八三　四八

卯山酉向兼乙辛　辰山戌向
四八　八三　九四　五七　九二　一三
六一　一五　五九　七九　二四　六八
二六　三七　七二　三五　四六　八一

四運

乾亥山巽巳向	壬子癸山丙午丁向		丑山未向
二六七一六三	六三二六一七	三五七一八九	四七九三八二
九八五三一七	四四九八五三	五三九八四四	二五七一三六
四四三五八九	八九七一三五	一七二六六二	六九五八一四

艮寅山坤申向	甲山庚向	卯乙山酉辛向	辰山戌向
一四五八六九	五九九四一五	八三四八三七	九八五三四四
三六七一二五	七二二六六一	六一二六七二	七一三五八九
八二九三四七	三七四八八三	一五九四五九	二六一七六二

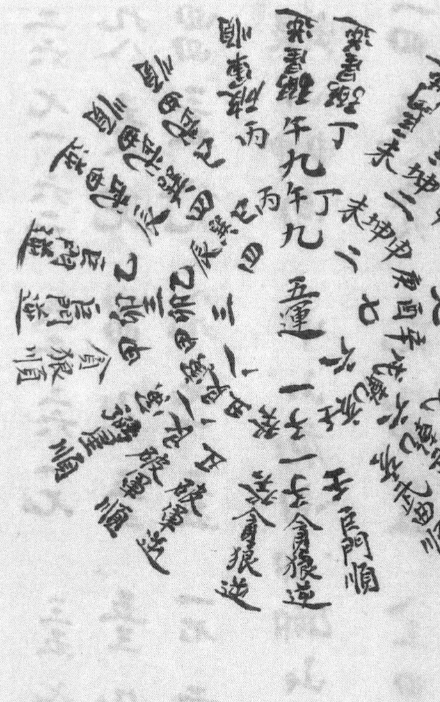
五運

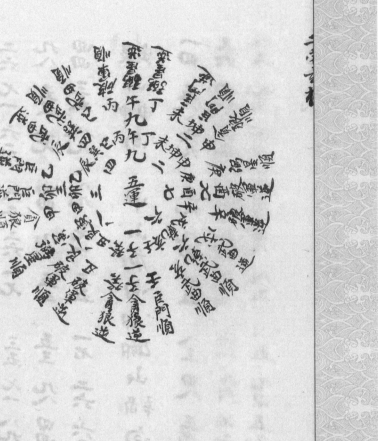

乾亥山巽巳向　壬山丙向　子癸山午丁向　丑山未向

三二 八三 七五　七六 三二 二一　四三 八七 九八　二五 六九 七一

一八 六四 二九　五四 一九 六五　六五 一九 五四　四七 八二 三六

五三 四二 九七　九八 八七 四三　二一 三二 七六　九三 一四 五八

艮寅山坤申向　甲山庚向　卯乙山酉辛向　辰山戌向

五八 一四 九三　九四 五九 四八　六一 一五 二六　七九 二四 三五

三六 八二 四七　七二 三七 八三　八三 三七 七二　九二 四六 八一

七一 六九 二五　二六 一五 六一　四八 五九 九四　五七 六六 一三

乾亥山巽巳向　壬山丙向　子癸山午丁向　丑山未向

一二　五七　六六　五七　九三　一二　八四　四八　三九　六九　二五　一四

三九　七五　二一　七五　二一　六六　六六　二一　七五　四七　九三　五八

八四　九三　四八　三九　四八　八四　一二　九三　五七　八二　七一　三六

艮寅山坤申向　甲山庚向　乙卯山辛酉向　辰山戌向

三六　七二　八二　七二　二六　三七　一五　六一　五九　八四　三九　四八

五八　九三　四七　九四　四八　八三　八三　四八　九四　一二　五七　九三

一四　二五　六九　五九　六一　一五　三七　二六　七三　六六　七五　二一

七運

乾亥山巽巳向
五三 一八 九七
三二 八六 四二
七五 六四 二九

壬丙山向
九五 五九 四一
七七 三三 八六
二三 一四 六八

癸子山丁午向
六八 一四 二三
八六 三三 七七
四一 五九 九五

丑山未向
七七 三三 二三
五九 一四 六八
九五 八六 四一

艮寅山坤申向
四一 八六 九五
六八 一四 五九
二三 三二 七七

甲庚山向
二六 七二 六二
九四 五九 一五
四八 三七 八三

乙卯山辛酉向
八三 三七 四八
一五 五九 九四
六二 七二 二六

辰山戌向
九二 四八 五七
二四 六八 一三
七九 八一 三五

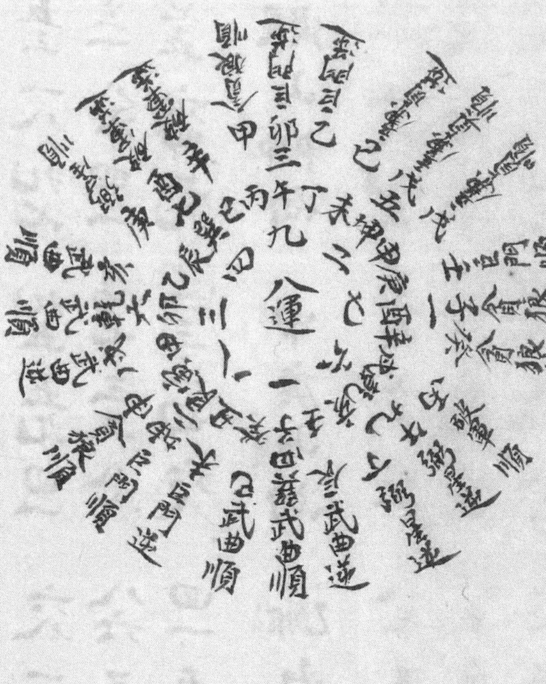
八運

乾亥山巽巳向

三一　七五　八六
五三　九七　四二
一八　六九　二四

壬山丙向

七九　二五　三四
九七　四三　八八
五二　六一　一六

子癸子癸山午丁向

一六　六一　五二
八八　四三　九七
三四　二五　七九

丑山未向

五八　九三　一四
七一　二五　六九
三六　四七　八二

艮寅山坤申向

八二　四七　三六
六九　二五　七一
一四　九三　五八

甲山庚向

九七　四三　五二
二五　六一　一六
七九　八八　三四

乙卯山辛酉向

三四　八八　七九
一六　六一　二五
五二　四三　九七

辰山戌向

四六　九二　八一
二四　七九　三五
六八　五七　一三

九運

乾亥山巽巳向　壬山丙向　子癸山午丁向　丑未山向

四五　八一　九九　二七　七三　六三　八一　三六　四五　九九　五四　四五

六三　一八　五四　九九　五四　一八　一八　五四　九九　七三　三六　八一

二七　三六　七二　四五　三六　八一　六三　七二　二七　二七　一八　六三

艮寅山坤申向　甲山庚向　卯乙山酉辛向　辰山戌向

六三　一八　二七　四五　九九　八一　一八　五四　六三　二七　六三　七二

八一　三六　七二　二七　七三　三六　三六　七二　二七　四五　八一　三六

四五　五四　九九　六三　五四　一八　八一　九九　四五　九九　一八　五四

三字玄析

二宅元機

三　住宅癸山丁向兼子午分金

右　細按住宅五行是七赤五極七即兌為

一五　五一　六九　秋為金為少陰在上中二元正當春夏

向三三　七八　二四　山之令其氣斂伏主吉自交下元甲戌旬

八七　九六　四二　正值秋氣猖狂之際再兼向首所得星

巽　左　辰又是三碧三即震為木為長男又為

坎宅之子息是亦旺於春夏衰於秋冬今適值其衰

時此乃丁稀之所由也庚戌生命命立三宮年建丙

戌向首之震三又逢兌七相剋是年丁口欠安損先可

卜今姑用內户制法以避之第一承巽震木氣之方八白加臨之地八白即艮為少陽為生氣為下之旺神又成始成終之吉氣三與八本屬一宮苟能承得此氣恰卻合扶陽抑陰之妙自能催祿催丁於指日矣住宅之八白生氣佈在巽宮能將上房移住右邊一間房門移進一架門路使走巽方承接八白之氣於乾坤二兩造庚戌命宮俱為合吉現在房門在正牀之坤方是方是辰換得戊巳土癸水水土相剋主有水土不和脾溼胃寒腰痛水虧肝氣等症

移上房門吉日

吉日　甲申年九月二十六乙卯日未初安床正裝左右房門　是日干支乙与庚合卯与戌合天干甲乙三朋地支亥卯未三合都是扶陽之法

八　庚甲兼申寅三分用於甲申年十二月初二庚申日申時

按八運庚甲兼申寅照星看未疑抄寫有側訛否則若准申寅兼庚甲若准庚甲兼申寅撰者為奇

二七	七三	六三	山
九八	四四	五二	
五九	一五	一五	兼山課
二六	六二	一七	
七九	八八	三四	兼向
一四	九三	五八	向

元空五行向得八白今交甲申正當旺令水自坎來佈着一白恰合補救直達兼用之妙經云不直達則取勝無先鋒來水不補救則算後無良策者是也向上排來九紫到向八白到申水裏排未向得八白皆屬火生艮土此為艮山艮向即經云所謂陽山陽向者此也體用兼得丁財秀麗自能永久不替矣

八二　四七　三六
九七　四三　五二
六九　二五　七一
二五　六一　一六
一四　九二　五八
七九　八八　三四

旧本准申寅兼庚申

八九　三二　四四　七七　三三　五五　六　水裏表者即向首排未也艮山者即八白到坤

六七　九九　二四　五九　七八　六六

一七　五四　九八　六三　五三　一八　之謂也

二宅玄機

六〇甲山庚向加卯酉　甲申年挨算

元空五行向對一白坐山得六白一為上元旺氣用於中元主運已屬退氣六乾為中元旺氣當用在水反用在山所上山者此也水裏上山主丁稀財薄如乾亥方有村庄或高地是方三七反吟主足疾舌音不清之類亦主財少即中央山上水裏排來都是少陽五極此為伏吟主四年當家並主添丁遲遲

雙山双向吉不勝凶故從此斷乾上有水便吉

七 九五	三 四九	五 二七
六 一六	八 八四	一 六二
二 五一	四 三八	九 七三

舊墳　向大路　反吟　水

樹林

水　似有村落　山　遠有池

六〇酉山卯向加庚甲甲戌換

四 乾九 八 向對二黑二黑即坤在乾運為天醫交

一五 六一 五九 甲戌丙子乾令已退即為病符自丙子

二 七時運 三 之後年月紫白逢二五到向似多疾病

八三 四八 九四 内户宜承乾兑金氣方與向上之坤土

六 五 一 相生正房現承巽門巽路是震木所臨

三七 二六 七二 又逢兑金相剋定多肝疾

件 光

七住宅子山午向兼壬丙丁丑八宅

一五四	六一八	八三六
九四五	三六	四八一
五九九	七二七	三七三

大門一宅之氣口向首一星得失關繫
全家之禍福上房門路承之得失關繫
一戶之吉凶上房之得氣須與大門上
所得星辰位位相生比和為妙此宅弊
在（高樓像火）坎方兌七重疊并有高樓久居恐有
下人橫死之患故移灶於壬方火門向
坤兼未二七本一家未又屬兌化氣少
陽又是少陰之正配扶其陽其陰自退
剋其化氣真氣是平此即不生我而生我家人不剋

我而剋我同類之法

元空五行向得六白六即乾為金為官貴又坎宅之生氣宅向得之再吉向首既吉內户宜承离巽坤三方最大聽前宜走坤路取八白艮土以扶向首方合從外生八之妙灶位現在丑艮方是方戊已土氣所臨火生禎土主求不成宜移儘西邊一間火門向西南是方八白左輔所臨八白即艮屬土為少陽為官貴為成始成終之吉氣又為乾金之生氣又為倉廩五穀之庫天市財帛之宮火門向之催祿催官恰郤合虛則補其母之法并能剋化坐山反吟伏吟之弊

七○巳山亥向加巽乾合塟於嘉慶十六年廣德老墳 庚辰挨

七八 五	三一 四	三五 六
四六 七	六八 九	八一 二
九二 三	二四 五 壬子 紙地	七九 一 乾亥 向

[illegible]

大元空挨星五行水裏排龍向得九紫九紫即離為火左右兩爻即是丙丁亦屬火山上排龍又排得七赤到向七赤即兌為金山上水裏火金相剋于向對之衝即是水之聚會之所聚會之所相衝相剋財退可知矣且七赤為下元之首領又為當令之旺氣宜扶不宜剋剛金爍火相剋於向上又在水之聚所此退財之更可速知七即兑為少陰為折毀又為

肺氣兌金受剋即是少陰受剋主有肺疾血症坐山又排着破軍金氣所謂水裏山上已屬不合山又佈着戊己頑土以扶之所謂助紂為虐者是也來歲太歲在巳八白入中九紫到向微嫌火氣太旺諸事小心寅巳亥三月尤宜加意

七　亥山巳向兼丙壬　己卯年三月辛亥日用廣德新墳

年月星

一三四六九五七八
三五八一七九
八二四九七九三三
一三六八山二四
三五六二四五七九一
五七四六九三

六七三五五	一三八二一	三一五三四
五二四六四	六六四二八	八六一八九
九九七一二	二九三四二	七五九七八

向　來源　來龍

月白

此地略高

水裏排龍七赤到向山所謂水裏上山者此也所謂本山來龍五本向所謂反吟伏吟者皆即此也向首排着戊己土來水排着巽木土與木均屬中元之旺氣今已退時用之焉能為吉且用於三月是月五黃到巽與向上之戊己土重疊相臨所謂堆黃神煞造葬都忌年建己卯巳都山神又在巳宮用於

秋冬亦氣稍退尚可求安今用三月近機相湊其效立見矣下年癸未七赤又到坐山丁口欠安即未年九紫到山亦不甚順若用丑未戌辰諸向則山向水都為我用丁財是能穩足也

丑未向

五九	九五	七七
六八	四一	三三
一四	八六	三二

水池　来原　来龍

戌辰向更吉

七九	二四	九二
一八	六八	六四
五三	三一	七五

二宅方標

七○乾山巽向兼巳亥三分神龍八首离方高峰水神自西流東開池停蓄用於癸酉年十二月初八日巳時

來龍

三三八八一九七
一三八八八二二四
乾七四六九八

午峰

五一五七	一五一三	三三三五
四二六四	六六九六八 月白	八七八
九六九七	二四二四	七八七九

水向

挨星五行水裡挨來七赤山上月白又逢先七到山此為伏吟上山排龍又歸破軍到水即為下水上山下水用法顛倒後空坐水者尚可求福有巽水特朝坐塞可見知穴雖坐塞後山或有低地低田平遠空曠亦能獲福切忌高田高地及土堆高墩村屋屋宇于坐山主塋後即有口舌碎喉

十六頁

痛不歸之甚即丙子丁丑兩年亦不甚順戊寅己卯兩年坐山三七相沖三卯震為木乂卯見為金金木相剋旋坐山所名謂反吟者此也是年定主官非并多災安卯癸未歲年建七赤到酉女丁小口亦不甚安乙酉年臨建臨山諸事小心丁卯亥戊己子六月似有丁口欠安之象急宜更改山向自能轉禍為福或於此來年春冬擇擇吉將金壞卸去重堆恰鄧合修龍之妙要之葬後十年內丁財不能穩是都由山向及水神用不得其宜耳水裡上檢須見乾兌離三方水來為妙功忌巽震坎三方有去來逢流年紫白三七元

八七の
八三　三七の八
七　三八
一九　九九　九の
二一　一六
六一　六二　三六

到山到水生年定多剎剎
七酉辛山乙向加戌辰十三九合益
九三　五七　四八　山
八　三　四
來龍
五七　一　三五　九　九四　八
來水
初七　二
二一　三二　六六
洞　三叉

換星五行山上水裡均得兌七所謂陽山陽水者即此也主財源大進所嫌正北方來水換得風行火動于此西與向上兌金相剋兌為當旺之氣為來水相剋主血症火痰小口欠安之類主穴之東北方田形寬闊換得艮門坤土亦主久痰腹痛之症如丁欠安等類山上與向首三七相反金木相剋主添丁遲下財亦不斜久

聚都由火金相剋之故初年在戊辰年是年歲君在辰所用山向都朝太歲是亦咎之一端合坐甲戌正月是年戊都在辰立向又衝都天正月又在戊都當令之前尤宜忌犯若交戊巳流年是年紫白与来水向首相剋定主欠安卯巳卯年年月戊都又臨向首土氣重丁當發水虧之症卯令歲紫白巽震風木之氣加于丙丁火耀之方火旺金衰亦主肺疾血症之類來年壬午太歲在午衝動來水風火之氣亦不甚妥究其所由皆立向不得法之故

連下頁改向看

十八頁、

墓門改向辛巳年

二宅雖以向首一星為禍福之柄，然必察來水之源及所得星辰之可否而定吉凶也。雖向來水剋向，是有此應。今改向戊辰兼乙辛三分，向首星辰得一六金水吉曜，來水之處得一四水木柔順之氣，與向上星辰又屬相生相合，所謂合則和，柔則安。此及（乃）為今補救之法耳。

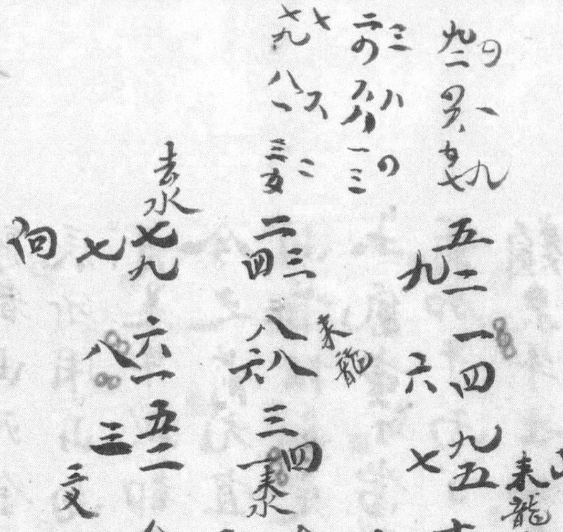

公○庚山甲向加酉卯三分　道光四年改

七九一	二五六	九八九四
六九八	三五六二	四三五二三
三四五	一六七	

山

七九一	五二六	九七八
八九八	一六二	四三四
三四五	一六七	五二三

向

向得八白八白即艮為左輔為官貴文為下元當旺之氣宅向得之最吉兼於山向三八相見四九為會合青囊經所謂陰陽相配者此也陰陽相配最宜讀書并主悠久

門戸宜承震坎艮巽四方忌离坤乾三方

七○庚山甲向加申寅分金用于嘉慶甲子八月汪肇泰墳

南

三 八四	四 九八	一 二六
向　二 七三	四 五九	六 七二　山
八 三七	一 五九	五 六一

北

元空大卦山上水裏顛倒誤用上山
下水丁衰財薄之山向也自用後十
有餘年甚屬不安惟丙寅到乙亥此
十更甚即丁丑己卯數年亦不甚妥
所謂吉地塟(葬)者是也

三一 七	三八 六	八五 一
二九 六	四八 二	四一 六
七二 五	九四 七	三九 五

六〇辛山乙向兼卯酉三分　丙辰用

大草房

三一 七	三八 六	八五 一
二九 六	四八 二	四一 六
七 二五	九四 七	三九 五

塔

辛酉龍入首坎方來水坤方亦有來水會於穴前一直銷出毫無曲動情形向前見塔御在乙方局寬水甚氣薄力弱即有墩泡都由人力上山下水用法顛倒坎上來水即得微嫌太早并於乾兌旺神相剋丁希財少半由身北交甲運一白臨山自能丁多財旺可望讀書有成

七○庚山甲向兼酉卯 十七年壬坤申季丑用

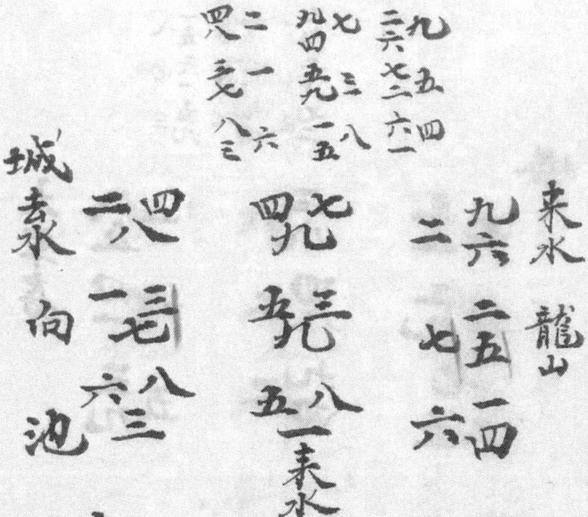

向上排來七赤到山此謂之本山山上排來又七赤到水此為謂之本向又名伏吟經云本山來龍五本向反吟伏吟即此是也宜移右邊文許前二三尺仍用庚甲兼申寅一二分或兼卯酉二三分丙辰年葬時當用甲向悞用乙向來山去水都失壬申年合葬時當用乙向悞用甲向丙兩相錯故有此應下圖是圖細究諸訣可得

庚甲改向兼申寅 道光甲申年八白運內 自斷

元空五行向得八白八即艮為左輔為官貴又為下元中運之旺神向上得之最吉最利更能終始悠久又為火土相生山上排來震木臨山三八相見四九會合經云所為謂陰陽相配者此也來水去口坎坤巽三方星辰俱得丁財兩旺可許讀書有成

八 四 三
九七 四三 五二
六 二 七
二五 六二 一六
一 九 五
七九 八八 三四

來水 龍山

九七 一	二六 五	七九 八
八八 九	二二 六	三四 四
四三 五	七一 六	二五 三

兼向用

來水

城塔 塔

吉口

向

池

是圖細究諸訣可得

五一七	一五三	八三五
七二六	五九八	三七一
二六二	九四四	四九八

七。原向辛山乙向兼戌辰　十七年安塟張宅壬申用

七一六	五一三	八五三
六二七	五八九	三一七
二六二	九四四	四九八

山向尚可求福豈下無氣又不能就局水有直流乃丁稀財薄之壤也再兼三七相尅于坐山丁少可卜矣

連下頁改向兼看

八 一二	三五 六 九七 一	四 三
九 三 二	二 五 四	八 五七
四 七 六		九 六八

八。改向乾巽兼巳亥分金　甲申用

向	二八 一	五六 三	四一 三
去水	三九 二	七一 九	八五 七
	七四 六	二五 四	九六 八

來衆水草房　來龍擬　六山　來水登穴不見

來龍入首，改向移上辛酉龍，水從坤衆來過離巽，銷出乙方去，去口為下，河關欄收水小不見，真出之形，即換星五行來山去水都合，所謂倅用三元天地氣陰陽合得九星灵者此也。壬癸龍入首原向穴近界邊牆与氣不接，向水真流來狹去闊，穴之右邊特低數尺，種種由五穴脫氣之故，移後二三丈移左八九尺接着泡墩，後靠泡墩前對

近案前後稍有顧穴真情，惟內堂田形少有高低，亦宜改做平坦或開池均合。

二五七一六九　戊巳壬
四九八
八六四一三二
九三五八一四
二七三
六六二三七七
四七三六八二
六五一
一四九五五九

子水 六 四四七	向火二 乾金九 六八三	灶 四 二五 八六
衛門 五 九五 三六	七 五八 二三	木絕 九 七二 四一
一 五九 八二	三反吟 一四伏吟 七七 山	兑路八 六九 三二 乾門

七。住宅子午兼癸丁　甲戌入宅

向對六白六白屬金金以土為生氣以水為子息木為死氣火為剋我之忌神上房內户宜走巽方是方一白水氣所臨次走坤申方是方少陽艮土所臨此方二都有益向首上房門現在正床乾兌二方此兩方所得星辰均屬不合宜改巽坤為妙向尚上須得乾金作灶須培艮土方合生生之妙灶為火門宜向艮方為合火門現向甲方佈着九紫丙

火火上加火徵嫌太過并有尅向首之乾金宜改向
巽俱金合

甲子四木辰
庚子二土申擇於七月二十六日壬辰之巳時安床

癸未
庚申
壬辰
乙巳貴人

七〇。憲署子山午向加壬丙三分

六四　一	平空 八六　一 宜低	八六　八
七五　九	二　五三	四　三一
二九　五	七七 宜空　九	三　四二

此地忌高

大元空挨星五行向對八六合成山天大畜有喜有慶之卦頭門又在巽方是佈得一六生成之氣与向首兩星適合三陽所謂三陽開泰者是也富貴無休休即此向也向上既吉必須局勢寬平使有畜聚情形乃為更吉今摟小教塲寔為憲署之外堂現有磚石民房及神廟城樓塞阻坐山是方布兌七伏吟于此在上中兩元陽

氣方升之際尤可如遇流年星辰化氣沖犯尚有美中不足之件

今交下元兌七陰氣當令是即坎方尤宜低空見水為妙今署內有高樓及諸廟阻塞于堂後署外遠有神廟城樓牆射于北方私梟之盛商力之乏大都由此今用以柔制剛之法開井兩口于壬癸方以洩剛氣魏之制化得宜自能柔順永貞官商足則財恒足矣

憲署癸山丁向

依大元空五行顛倒推算法向首一星輪翻六白武（武曲剋向）
曲屬金即後天之乾卦丁午本是先天之乾位向得
變金與衙署最合易云乾為首為心為君為官此官
與君衙署之致要向上不可有碍明矣天歌云向首
一星災福柄亦此意也向得乾金一切宅內宅外門
戶街道以扶金相水為洩先其次比旺為要大忌与
向上星辰相冲相剋即宅內一切動處并門戶行路
房床井灶及左右零屋高低便門側路亦以扶金為
要切忌相形相剋凡衙署以大堂宅門為主即大堂

前後左右亦不宜有碍是大堂之東文昌閣在彼九
紫亦挨在彼東方木地本屬先天之离位离為火九
紫亦為火火乃是宅之忌神此方宜低忌高宜平宜
靜并不宜有門路往來行動其閣為要論向首星辰
火為金之難神五鬼論九曜五行又與官星有剋論
八宅又屬本命之禍害此閣必須改移東南巽方
震方宜低巽方宜高此為一舉兩得豈不美哉

六○陳氏吉壙壬丙兼子午分金

向得剛金山上龍神又得戊土到向金土生生最為吉利獅山橫山都屬有情向所謂星辰又是魁星文曲體用都合最利讀書

九 九三	四 五七	二 七五
八 四一	八 一二	六 三九
四八 五	三 六六	七 二一

九 九三	四 七五	二五 七
八 四一	八 一二	六 三九
四八 五	三 六六	七 二一 高峯

七〇原向戌辰兼乾巽　霍宅癸未用

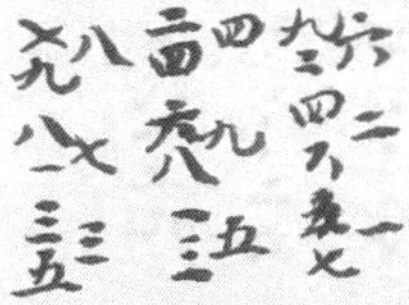

八九 七	屋 四二 四	九二 六
七一 八	六八 九 來龍	四六 二
三五 三	一三 五	五七 一 來龍

登穴須見巽震坎三方水為妙必須
乾兌入首山水都吉自能丁財並茂
平(安)慾慝(久)忌見艮水離水離方現有風
屋定主多壽且健

八○酉山卯向

三四八八七九
一六六一二五
五二四三九七

二五	六一	三四
三四	六一	八八
七九	二五	七九

內戶承

內戶宜兌乾離三方為妙。艮方平氣。

出入亦合。即忌坎坤巽震四方門路。

有則改之為妥。

此宅大有可觀奧妙非易

六 庚山甲向兼酉卯三分內戶壬山丙向兼子午

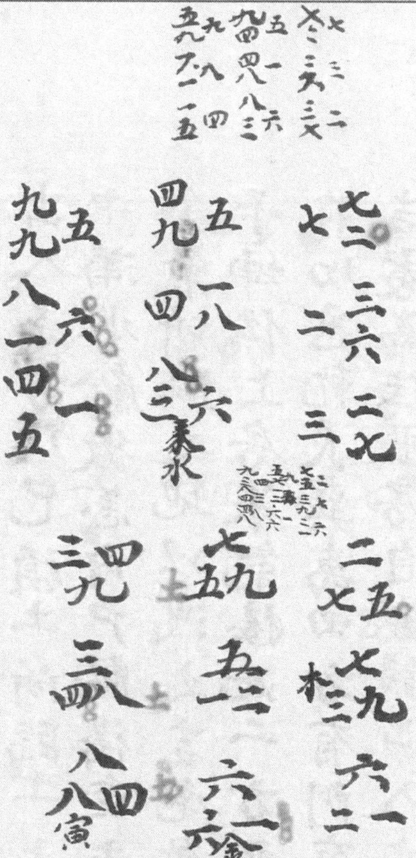

牡門約在申方火門

須向乙辰方火生艮

土最利催丁是宅吳

德翁侯

向對八白八白即艮為土又為成始成終之吉氣向首既吉内戶宜承坎坤震三方門路為合現承離方出入是方戊已禎土所臨土上加土徽嫌太過似有中滿水虧徵恙内戶既得重土上房門路須接乾兑金氣所臨之地以洩之吉宅乾金佈在坎宮兑金飛于坤位上房果能接此二方門路自能招喜慶于目前切忌乾艮巽离四方有門有路有則改之宜移于吉處為佳賬房自銀錢出入之所承接之氣亦宜坎坤二方為要經云從外生入名為進者此也現承辛酉方門路是方震三木氣所臨与向相剋矣宜進丈許得承坎癸方門路

七○　佳城乾山巽向加亥巳三分　吳德翁老坟在哲日星山

三三七五七八六八
三五八一七九
五三五九七七四五
一三六八五
八一元九二六四六
五七四六九三

塔 向 橫山	池	低田
一 八 七五	三三 五 一五	三三 一 三五
二九 二 六四	七九 六 八九	辛酉龍 五七 八 七一
小村 六四 九 二六	二四 四 四二 空地	辛酉山 六八 七 八九

元空五行水裏山上主財氣平平
所為本山本向者是也向对戊土土
戊為中元之旺氣今交兑金土氣
已退亦主財不足幸喜地高氣厚
有龍有氣再兼平丁方池水用法
合宜初年可冀平安來年紫白八
方伏吟似有破財之件○吉壞候交申　申年秋季十接吉
將故墩加大且高如做坟一般或將金剛欄檻放覓
數寸或移前均可

三十八頁

六○ 壬山丙向兼子午

六 七五八 四 五七 六八 九三 一
二 六九四 一九二 二 七四八 九
一 二一 三 六五七六 三 四八五

三叉		來水
八 三九 一	七 五四 六	六 七五 八
七 四八 九	二 一九 二	二 三九 四
三 八四 五	六 六五 七	一 二一 三
來龍		

向首一星是土來水又得兌金
金土相生定則生出主財源不
旺去水離巽方為嘉九離云紫
白並吉微嫌太早交甲申甲午
方能轉機

乙〇〇貝亦沓兄巳卯十二月十九日進宅

壬丙兼子午四分大元空五（挨星）行向得兑七直重所謂伏吟者此也兑乃西方陰鋭之氣情性慘淡剛燥又為肅殺又為白虎又殺為毀折諸般形色情性均非宅向所宜第一大門改向子午兼壬丙三分最為妥當或宅內內户門路均走乾坎艮三方亦吉向上既得兑七伏吟內户制化之法宜洩金壯水為盡善坎承官貴陽氣所臨之地亦能平妥切忌震巽木氣

四九八
五九　九五　一四
二七　三七　三
七七　二三　六八
三六　二五　四一　八一
六六

中
四九　九五　八四
五　九　一

少陰
二　七　三
七　七　二　三
七　二　六　八

六三　四　八
門角　一　五　一　六
老陰

二十九頁

之方凡有門路急宜改移吉處為妥
原向所嫌者陰露陽熾再無角門內戶都走巽方巽
方震三木氣所臨主為向所尅者是也木受金尅主
多肝疾口疾及下入口舌并防失財為要
老房門現在正床之丁方門外來路由坤轉庚進房
門与路火金相剋主財薄心苍肺疾等症新房做于
右邊一間房門靠東朝北安床宜朝東向移于南方
第二三架承是氣正合少陰來路房門却在少陽方上
此即陰陽和而萬物育生之一法居之自然安妥必
多吉慶矣

七○原向壬丙兼子午今易向子午兼壬丙三分見氏辛巳易向

自改後凡有門路行動宜走東南正南西南及西北四方上房內路門户俱利惟忌正東甲卯乙方門路行動也吉宅東路甚少即內宅外進灶下便門却在內宅門之甲卯乙方宜將此門移前一架便合可做曲折不見此便門更吉

三八七
八六四一三二
一六二
六八三三六七
五四九
一四九五五九

五一四	八一六	三六八
四九五	六三二	八一四
九五九	七二七	七二三

自方直倫街

六○申寅兼庚甲三分　八○申寅兼庚甲三分

疑八酉卯兼庚甲且此挨

三四八八七九
一六六一二五
五二四三九七
另則七○申寅兼庚甲奇
四一八六九五
六八一四五九
二三三二七七

山
四六三
八一七一
九七八二

龍五六八
九一三一
四五七五

二一四
三三五二
七六九六
向

四三四三
二一四三
六七八八
五六七九

來龍八九六一
四五六二
九一二五

三五四二
二四三三
九七八
挨

喫麪

九五　四九　五一

二七　六二　一六

七三　八四　三八

問事勸不動吹字六加坎六郎乾坎為水似動不動其權在官長日逢巳亥時值戊辰其機已動癸卯日定有音信麪字加於巽宮似有兵役書吏等阻滯之象須防小財到丙午日是見頭角或因此而下人口舌阻滯亦未可定如果成就准行將來辦理約略省力且便而簡非但有益於己并有益於人也

三○子山午向

四八九
五五一六九
六一五
三三七八二四
二三三七
八七九六四二

五四一
五八一
六九九兌

假山石

大門二三三六
七一八
四二五

小門八二九
水六九三
四七二
書房

七○甲山庚向

六三
二七
六一

四九
五九
五一

四八
七三
三八

癸亥八

八。丙山壬向兼巳亥

五三 七 九 二 九 九
三二 九七 六 九 四
六八 四 一 二五 五
一三 三 三 五
六 八 四
八

五七 二	七九 二	九七 九
六八 一	三六 四	五二 四
六一 三	八八 一	三 四五

上房門現在正之寅方門外來路由庚方進房庚上是坤二病符所臨久居恐有中滿水虧等恙宜移書處為僅灶位現在一宅之乾方火門現在向巽辰亦宜改向壬方艮方恰合催祿催丁之妙元實（空）五行向得八白八白即艮為成始成終之吉氣宅向得之最吉最利向上既吉內户宜承甲乙壬癸斯為金美次即艮路亦合生生之妙切忌兌門兌路及坤未方门路有則改移為妙

六吉宅子山午向兼壬丙三分　陳假篪兄陽宅（原名假篪兄疑誤）

一二三	六八六	八四一
（井）九三二	一四二	六四八
七七五	五九七	五三九

細按五行方
曉紫微同
八武之妙

一六五
四八八四九三
八四九
六六一三五七
三二七
二一三九七五

元空五行向得六白且重六白即乾為金為玉又為坎宅之生氣宅向得之最吉最利向上既吉內户宜承嘉兑艮三方門路更吉上房現在正床之丁午方門外來路均由震方而來直而且長是（灶）方所星辰又是震木坤土久居恐防肝疾宜移在丈許須在上房門之艮方為妙　灶位現在統宅之艮方艮方換着兑七疊臨兑屬金為少陰為肺為口舌灶位在此主肺金血症之類宜移着北方為合火門宜向庚辛

七〇佳城壬山丙向加子午三分

小村	三三 八	七七 四	五九 六
水溝	四一 七	二三 九	九五 二 獅山
	八六 三	六八 五	一四 一

向對兌地伏矣巽方小屋所得星辰与向首三七相反兌上獅山挨着火金相剋所謂火照澤天即此也火剋兌金主少陰欠安且多血症經云滿向一神亦即此也丁酉年火獨更要小心卯添丁口都是陰多陽少均由九七陰數之所招耳若以愚見須修龍以補救之宜將金燈加高四面多種樹木以遮護之向能平安悠久也

三十三頁

八 全 四 三 是 四八 三 七
六 二 五 二 九五 九 七 五
六一 六 九 二 五 六

六一 一	一五 六	七八 三
九二 七	五九 二	三七 四
二五 六	四九 七	八四 三

坎來水路　街

七○酉卯兼庚甲

元空五行向七赤（得）左邊街道恰在大門之坎是方佈着九紫火曜上剋兩上之兌金兌為少陰為澤羊為渴為口舌又為皮毛主肺金之疾門路俱得九七主好飲并主肺氣不舒之恙現在女病須過十五癸卯之日是日水路干支恰与兌七相冲之故

七。辛乙兼戌辰

二八三三六七七四八
一四五五八九九四三
六九一七一二三五八

六九一	一四五	二三八
一二七	八九五	六七三
五六二	九四三	七八四山

坐山兼輔向首兼貪最妥最穩再加丰
水都合旺氣并兼相生丙午特朝又得
補救敕佐用廉倫生旺全收
其地花卯伯居鄉相公廟東首于癸未
參用維揚崔爲農之正室所葬

六　甲山庚向兼卯酉三分

九 六五	四一 九	二七 八
一 七六	八五 四	六二 三
五 二一	三九 八	七三 四

元運五行向上六白六白即乾乾為諸卦方首又為下元生氣山上排龍又為得二黑坤土到向坤土生乾金卻合天坤地生生方妙山坐一白又得六白金氣到山此即乾山乾向方謂也一与六又合天地生成之數丁財人秀三者全盛之山向也

七〇午山子向兼丁癸三分巳昧（未）

八四六 六八 來龍　四八二 一四 四 來水　三九一 二三 二三
六四 八六　二九 三三　七五五 七七 遠見煞神
四二一 一八　五三九 九七　九七五 五三
九五　五九　四一
七七　三三　八六
三三　一四　六八

六八一〇二三
八六三三七七
四一先九九七

六情真的神氣滿足丙砂環抱層層開面相向坐癸暑見湖光此謂照神亦屬不接不離諸般節是的穴之證去午山子向加丁癸三分元空排來向渴重七重七屬金為下元之旺氣旅于水裏金得水則生主多丁財水自辛酉方來自方佈着一白一百卯科弃与向上之兄金相生又兼貪補發之旅金讀書悠久之甲辰運定發科名徽猪來山來水均之屬出卦用法之渴水火之離所以應發遲之耳如用丙壬兼子午更合

七○乾山巽向兼亥巳

五七 六三六	一八二 一三	八四 三五
四六 七五	五四七 六八	八九 三六
九二 二七	九九三 二四	七九 四五八

維揚崔筱澜宅

丁卯年建宅五行从巳頑土到向自進宅後逢五黃戊巳二黑到向流年自欠剎之件向对戊巳戊土為中元之旺氣今交下元即為衰退之氣又兼正辰子山年向兼癸丁方坎宅坎宅見土當避又在向首雖于趨避之所此其一也卯坐山推得兌金旺氣已屬不合又兼鷄宅相剋控山此其二也向首既对頑土内户宜承乾兌

金氣氣以鎮洩之方合從外生之妙吉宅乾陽藏伏于內兑陰受剋于山泄之一綫（法）而無所用此其三也只可用疏土之法以制之今將大廳前正庫門擇吉閉上此門閉做（作）与巽方大門天井稍遠之則已至雖須其惡自輕且巽巳方兌第二重庫門上看（看）來又移巳丙之間此方震方木氣所又得一白水以生之木旺土氣自衰此亦驗之一法也

七○壬山丙向兼亥巳

廟　亥龍

五九　九五一　四一九

三七二　二三八　六八四

三七　四一六　八二六

挨星五行向对重七七印兇兇為下元之旺神用得其時最吉最經云所謂得氣先施力自遠再兼一六水氣坐歸穴後山与向金水生生最戀最久之山向也來龍形勢活動挨得一白文秀之星主讀書易成情性平和泉之妙印丙艮乾坎之水用法都合并合補救填真達之妙不真違則取勝無先鋒不補救則算後無急策恰却合此法用耳

乙　子山向兼癸丁

三八　八三　七四　五極星辰是二黑坤土其色黑其形方

八六　四一　三二　又名死氣灵柩事此合主逢四綠九紫

二天水　六五　二九直縱　震三木氣到此年月須要小心

六八　二三　七七平　大玄空五行向得六白又加之以八白

一四　九五　五九　金土生了暗合山天大畜有喜有慶之

五六風　四七丁家　九二

三叉屋角

向也山上水裏三陽均排到向所謂三陽水向也富

貴无休韶合此向微嫌坐山兌七伏吟暗与震三木

氣相剋主甲戌自多舌并有使女下人白舌更准無

福吉宅之最忌者三叉路与屋脊登大門首看來諸

般都凡卯乙自方佈着九紫火數又与巽四木同布此方風行火動有碍向上之乾金小心火燭与官事為要內户制化之法第一以壯水為妙水旺火氣自泄一定之理也第二以扶陽抑陰泄風火為先恰合治風先血治風(火)先治風之意即內户门路凡有行動處均宜走東南巽方向宅之水氣布於此也即灶位火门亦宜向東南為要(妥)此即壯水之法耳再於東首明堂巷內靠南第一進之後第二進之前約凡統宅之巽方開井見水此亦制化之一法也

七〇庚甲兼酉卯四分　丙坐壬丙兼子午

二六七二六二六九
六四九九一五九七
四八三七八三四二

二五	四一九六	五二
九五七	三九五	一二四
四八三七	三八四	三三八

五九九五二四
七七二三六八一九七
三二四一六六

八九五	三四九	四五一
九二七	五三二	九六
六四七三	七八四	五三八

天空五行向对震三震三卯歲星主多福多寿
徵據今當令木氣已退主長房肝氣之類　內
局須承一白水氣所臨之地一方得生生之妙土口完水氣
布於坎宮宮雖承接卯未年紫白八方伏吟加臨似有欠妥之件
此乃照旦本之挨星決非七運庚甲兼卯酉之向宜然有
候視此挨星疑（似）係八運內丑未兼癸丁之向也

七甲庚兼寅申　庚辰四月

一四 八五	九八 四一	七三 五九 六二
三九 七四	二五 九八	一三 七四 二八
八五 三九	七一 五三	九三 一七

六二二七一八
四九九五五一
八四七三三八

見七到山案方宜低平忌見高田坟墩及山与村落如有此等主唆病及疥血疾微黃并多陰人口舌登穴須見乾坤癸震四方水為妙

楼星五行向对二黑二黑即坤在上中二元為天醫主福德子下元七運即為病符死氣故向对此主多腹疾并主女子夭为多病久則恐防水虧等症山坐見七又得震三木氣相冲所謂反吟伏吟者此七年山年向者亦此也

見七年同排入水裏今反用於山上主財不旺丁亦不覺足須見坤方來水或坤方低田空曠丁財尚可有望

八三の
三三の八三七
一五九
六一二五七三九
五九九七二
五九四九五九

五三一七九八
三五八九四四
七一六二二八

四。葵雲庵山門酉卯兼庚甲　照此挨星是四運內酉山卯向之挨星，決非七運內之挨星也。恐亦有誤，故辨之。

七三 四	八四 三	三八 八
九七 二	六二 五	一六 一
二九 五	四九 七	五六 一

大空五行向對兌金，兌為澤，為少陰，為秋，為義，又為毀折。
山上排來又得九紫離火到向，火金相剋，主多肝肺之疾，幸十喜
大殿向東之方挨着一六，天生地成之氣，一即坎，為水，為仲，又為元
武，卻與向上所得星辰（神）金水相洩，恰合以陽制化之妙，且耳合
天得一以清，地得一以寧，仙佛得之則灵，仙佛灵，廟宇自然安是。正殿子午兼壬丙
分。亥山巳向兼乾巽分金　據山向分金，前後一式，決無批評之言。恐亦有誤，或者前有巳向太偏與壬丙分金之誤，故批評耳。

六八 九	七五 八	三一 四
二三 五	七九 一	三五 六
四六 七	九二 三	八一 二

塔

獅山來龍屈曲活動，有起有伏，恰到正穴，特起石峰，轉身入首再
起土墩，開面巽方，草木色澤都有神氣，土色精神亦多秀
彩，印正穴田塍曲境有情，朝向田源去水處，処均歸穴前，種種皆

情穴之真據也。即按其動情，覌其態度，看其形勢，察其穴情，似乎得穴之處，在于主穴之左邊略上數尺，為斂羅城。爲立亥山巳向加乾巽分金，正对引右山塔頂，穴前餘轉朝案有情，印近穴前田，横缴墩泡，乃在左邊横山，皆拱我用，是再兼得時得令，宜卜永久福寿康寧吉壤也。三卦排來，恰合艮山艮向艮峰之丁壬局。

七。壬丙兼子午

三二 九	五 七七	七 五九
四 八 五四	一 二三	三 九五
八六 四	六 六八	二 一四

山上水裏都在向上，此為本山本向者也。却穴後丈許見水為妙，不然則主肺痨、肝之痨，久處恐防人丁稀希耳。

衛殘子息宮故也

六乙辛加卯酉合金　倉前譚氏其地花萼門

池
三三　八七　七八
五一　一六　九五
辛上三叉

一五　六九　二四
三八　八四　四九
子泉
見屋

五一　四二　九六
七三　六二　二七
坎

天空五行向对玄武卯坎一為伴若貪若斗為水山之排龍
六白乾金又到向首恰合天地生成之妙向上得此再利讀書
并主安妥悠久惟之水真長有權有力恰権有真情向穴
所嫌挨着星辰生出上中元有運之旺神今之中運衰退
已極再兼九紫火燿相泄热有瘋癲疾病之之症再兼
水裏行坤龍神挨到坐山山後须要見水为妙現有隨坡
土堆屋再弁阻塞乎山後山管人丁用法更妥主丁希卯辰方屋再挨星見七
而主丁不甚旺幸喜坐方水光照穴丁財要足之之壞也

水光屋　来龍
来水用法坐得生入来龍五行
三七四九合十反伏

ㄆ一一六九ㄆ
三八八の　の九
乂三　乂二　二乂

六辛乙兼辰戌三分·張吟佳七運原向附葬

原向元空行五向対巨门坐山武曲上山下水用法欠妥幸喜艮水三叉挨着二七生成之數可冀丁財稍嫌所謄立穴太偏向首星辰又属兑金之衰氣祔葬五行与主穴天淵相隔印坐山向首挨

浜上　一五　五三　平田　六一一　七　五九　八　四　八三　八　三七　九　四八

五　八三　九　四八　四　九四　六　一五　一　五九　五　九四

三七　一　二六　二　七二　六　六一　二　七三　三　二六　七

轉渼　煞神在甲有權

排多吉甲方煞神用法亦得

八癸丁兼子午三分　蔡氏

庚轉添

四三 四	九 八	二 六一
五二 三	五 三四	七 一六
九七 八 吟	七一 九 吟	六 二五

巳方去口

癸方別家新做墳墓門恰在子癸之間遮攔來水阻塞後山
高而且遠之空五行又挨九七剛金煉火到彼年建丁亥辛
辛卯伏吟卯似有女子欠安之件卯山口亦不甚妥井下使女及花柳
丁亥反吟之塲都要用心防備其餘坤離兑坎諸水均合惟巳方去口
用法欠妥
其地在金山鼓石橋後山有碍且屬火金相尅之氣制化之法第一
以壯水為妙吉壤之一白水氣佈在兑方穴傍之曲水雖在庚上微嫌其太狹急宜開
闊為佳燊制化之最妙者也其次向前開寬見水亦合再次多用帝錢燒化于山後而
解精解必須擇丙丁吉日更妙

七○壬丙兼子午三分　潘桂盧

三二 五	九 兑七	七 五九
四一 六	四 二三	九五 二
八六 一	八 六八	一四 三

元空五行向对兑七運〻兑為金為少陰其形如鏡其味辛辣其質破碎其性剛猛其令為秋其往為義旺于夏天〻初運令〻交甲申雷震三木氣到向金木相尅相衝所謂反吟伏吟者此也所謂陰神滿地者亦此也户内制化〻法宜和宜洩切忌冲尅泄法莫善于壮水吉宅〻一白水氣承接乾宮上房内户承接乾亥门路方為第一次是艮坎諸阳會聚〻所恰合以阳制阴〻〻法如承巽雷震天醫生氣〻〻方為向所尅且雷震木為坎宅〻〻子息〻子息受尅主丁不甚旺并多肝氣顛痫经云雷風受尅於兑金者是也上房门路在正東〻巽方上房门外東路由丙午轉庚〻方進房此謂重〻尅入卯峙生也巳酉庚戌生出何害安命三四卯震巽都屬木震為直木本不受尅巽為柔木宗〻木支与向上〻兑金

庚辰辛巳合運
庚金木相尅

三合六合常屬無礙惟震與甲乙恰與正神所云神尅非形勢之神尅是五行之神尅也

分子午加壬丙三分　大門為一宅之氣口望山朝向為迎神引氣之主宰原向壬丙加子午分金

八
六七一　一六　四
二五

八一　五
三四　九
七九

四三
六　五二
七　九七
二

向首一星似乎不合故特用挨移辰之法將大門易向子午壬丙三分向首
重八恰逢成始成終之吉氣艮為少陽又為慈善其色紅紫其氣
和平其星正值旺令宅內得之自然平安聰久催祿催丁手指日笑大
廳前宜走离坤巽三方門路最為吉利廳後及上房內路宜走坤
兌离三方恰合從外生入之妙也

右癸丁加丑未三分　呂馨菴陽宅

七七四八　二三八四　三二九三
九五六六　四一一五　八六五七
二一五九　三九六八　七五一四
七四三　二九六　三八七
九二四　四七八　八三三
六九五　五一六　一一五
去

此方有祠堂但塞宜見水為妙
子兼壬戌水

元空五行向对兑七金氣金以水為生以土為恩星以乾金為比
旺兑金剛爆之氣可化切忌震巽木氣之方門路看向起制
内宜取坎离震三方恰以陽制陰之一法上房内户门路并癸酉巳
最為合宜切忌巽乾兑三方门路有則改之為妙
三　壬丙兼子午　顧山須氏老墳主穴
向得巨门土為上元之旺神合且宜巽水持大用法得武曲武曲
為中元之首領而中元甲申大利丁財來水吉求用得三吉更
兼補救所謂更取貪狼成五吉者此也

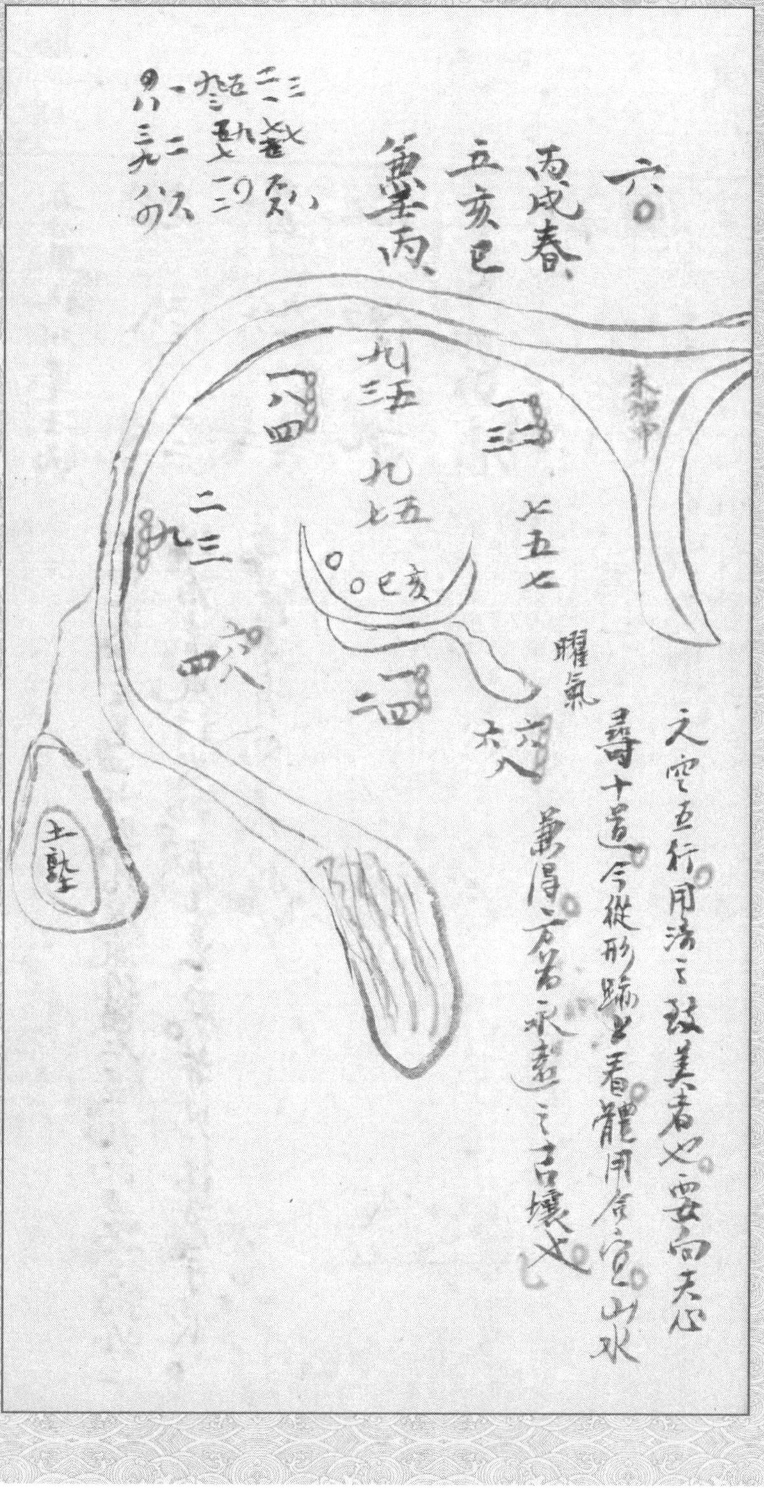
六
丙戌春
五亥巳
兼壬丙
未坤申
曜氣
玄空五行用法之最美者也要向去心
壽十貴道今從形跡上看體用合宜山水
兼得方為永遠之吉壤也

五黑佐祔塋壬丙

六七 非　三三 八　一二 七

四五 一　九一 六　五六 二

八九 五　七八 四　三四 九

甲卯山辰

三卯震為右邊四卯巽為風風躔左邊九卯离离為火為南風行火動而主邊疾并見紅色于艮方宣黍青色為抄

六癸丁兼丑未

宜平 灶 山龍 宜平 田

七四八 九二一	三九四 五六六	五二六 七四八
六三七 八三九	五六一 九四二	一七三 八四三
二八三 七五四	四一五 五七六	九六一 九三二

須氏阳宅

元運五行向對畫六六卯乾為金又為坎宅之生氣宅向得之最吉向上既吉內戶承离兑艮三方門路斯為盡善凡大门外及大廳前宜卯巽路取坤土以扶向首太廳裡及上房內户須兑离艮三方门路方得陽陽生陰金之妙

八癸丁兼丑未

三 四三	七 八八	五 六一
四 五二	二 三四	九 一六
八 九七	六 七九	一 五三

向上少陽重下少陽印艮艮為山為上基成路線〻

主〻氣性情和平形色明亮并若先下中天〻主合〻宅向

得〻最悠久且利富貴內戶宜永壽兌坤艮四方最吉印乾方

亦合

八　壬山午向加壬丙三分

二 四三	六 八八	四 六一
三 五二	三 四一	城 八 一六
七 九七	五 七九	未 九 二五

艮龍入首乾兌來水先方獨閣特見水光有權有

声宅前来坤未水到巽樓河深坑名步上蓄圍聚之情宜乎

巽辰方添填一道自有上蓄實狀再將小溝開通使水向白

宅旋轉抱繞之處屈曲仍歸巽方流入大河此是則来添暢達

喜曲折方為久遠之基矣

宅外宜見坤兌離艮諸水宅內宜走離坤兌坎艮五方河路

三六七一八
五九一
一四六八五九
二六九三四七
七二六
八六四九五
一四二五六九
三四八
三二三七

七宮　原向坤艮兼申寅分金八年無錫東亭周氏老坟

六五　四三一　九七八六　一二九八五　三文

八七六五　三二二九四　五七六九四　煞神

三四二一三　舊坟　五三二四二　浜口　八七九七六　蟾蜍羊　火辛酉

原向五行，向得重七，七卯兑為西方陰銳之氣，性情堅剛，形色帶淡，本非向首所宜，更兼重疊，所伏吟者是也。山上排來又得九紫之火，到向火金相剋，而非安之向，再煞神所得星辰又甚爆火，須出與向首，而屬不合，經云火旺金是虧，勢所必然者也。

四砂方反，龍氣平薄，水法無情，用又全失，是有此應。

八二十三年合葬未丑加丁癸三分

三六四 五一	九九 七一六	八八二 五七
四七三 六九	五二四 二五	七三 九四二
八八一 二五	一八 六九七	一四六 三三

三叉

妖

未水

有煞神 右加丁癸旁 匯音會

三陽水向更兼出煞

丙戌易向未丑加丁癸三分

原向壬丙算

二 八五	四 九七	六 九七
一 七六	四三 九	二 五二
六一 三	八五 八	一 四三

葬宜淺宜浮葬

宜乾亥方水光稍見

四乙山辛向戌辰用　章正邦祖坟

二（三八）	七（八四）橋	六（七三）砂　乾水特大三叉　未水口
九（一六）屋	五（六二）	一（二七）砂
四（五一）	三（四九）	八（九五）小三叉

九五　四九　五一
二七　六二　一六
七三　八四　三八

元空五行上山下水用法顛到丁衰財落〻山向也未水三七相反水管財祿財退可知矣且于兑七其性慘淡其氣肅殺正魁向上発木木受金傷主女人口舌顛倒之患并有是瘀血症之類皆因立〻謬吉地葬山者此也更易甲山庚向水山皆為我用使轉禍而若福矣

五華氏舊園名東亭周氏陽基坐北向南為坎宅坎宅屬水以金為生氣木為子息

按此挨星多少不一又無山向名目案乱可據故附畵併名目以正之疑係向子午兼壬丙分金

二三 五七 五八
二 又 七
三四 七六 八九
八五 四九 九二四
四 八 五
五六 九一 四五
三一 二三 七六
一九 一 五
一二 二三 六七

四三
三一四

八八
六七七
辛庚

五九
八九

六五
五六
八

八九
九一
四

五五
九四
四

一二
二三
三

三二
三三
二

七六
七六
七

灶位死比火生之類

火為難神向現得巳土土尅宅原主少子內户制化之法急宜扶金為要金旺土自泄水自生矣如承艮寅门路恰合從外生入也大门死合宅之辰巽方上房门死絕宅之辰乙方上房门向西恰卽死正康之庚上出房门卽向兑走三间再轉西房门上所得星辰金木相尅未午八白到庚自有添丁之慶添丁于未年八月月建又逢火剋叙主添不育并兑金受火尅于离宮定主肺病血症之類再兼生肖屬羊自有此應年建又基兑金伏位小口难當并疑是再加灶位死一宅之艮方是方六白乾金所臨之地乾為坎宅生氣又为一宅之父兄灶位此火尅乾金主長子寿元不足長常心虛頭痛血虧之症吉宅最要者先將灶位移於別處或移於巽震二方為最吉次將上房

门拨于正庚子艮震二方，方为大吉。果能拨于艮上，丁盛财足，可知矣。有益哉，将大门拨于丁二方另拨分金亦吉

六合丙山壬向兼子午三分，甲子一运附茔自断

屋脊水形直流

五七 九二	九三 四七	一二 五六
七五 二九	二一 五六	六六 一一
三九 七四	四八 八三	八四 三八

向面

元空五行向对面一一卯坎，坎为贪狼廉上之之统领向上得来之最吉最利者也。所嫌坤是子方，水注冲流，金木相克，风行火动，又河于此。星辰少失令，欠多财源不足，年建紫白逢三七二九到此，今欠妥，急宜迁之。为将经云：雷风受克于兑金者，此也。木受金伤者亦此也。

九二 巳 五六
二九 [illegible] 二
七四 六 三八

八同上看向

七九　二五　三四

九七　四三　八八

五二　六一　一六

元空五行向对八白重叠八印之艮　艮為山為止為天市為

下元中運之旺神向上得之最吉最利者也今之甲運一六加

臨二三陽開泰者此也今國因附葬吉向轉之皆為坤兌二方

星辰不得之故耳

九年宅癸丁兼丑未三分開門壬丙

一七　六三八　五四七

八一　四五六　九九二

三六五　二七四　七二九

二七　七二　六三

九九　五四　一八

四五　三六　八一

一〇丙壬燕午子一分周徐巷新坟丁卯年丁卯月壬寅日丙午時、

三八 七四 六	屋 三七 二 二九	五四 九 九二
四九 八 五三	七二 七 六五	水 九五 九 四七
水小三叉 八四 一 三八 水砂	三六 二 三叉	來水大河 一 五六 六 砂 一直流東

旧本挨星舛錯 脱誤甚多 僭改之、

七四九六八 二七八六 六二四四九六 三三二五五三 二九一 二九七五二二 三七四五八、 四三 七四八三 三

元空五行向对一白重疊一白即坎坎為貪狼上元之主宰統領九星補救直達無所不備者也排于六白乾金之位恰合天地生成之妙向上得之最利讀書安妥悠久来水乾方大河山上布着六白与向上金水相生震方三叉水裡布着艮所為取得輔星既五吉者是也體用得宜丁財人秀全盛之山向也

墓要處俱要平空安靜為妥

坎向

一癸山丁向兼子午丁卯年癸丑月庚辰日辛巳時

向得一白重疊一白即坎為貪狼上元主宰坎宅旺神用之最吉向首飄既吉內户宜承巽离二方门路恰合金水相生之妙壬位宜作巽方火门向南房门朝西兑方出入血脉筋骨一氣貫通盡善盡美之吉宅也

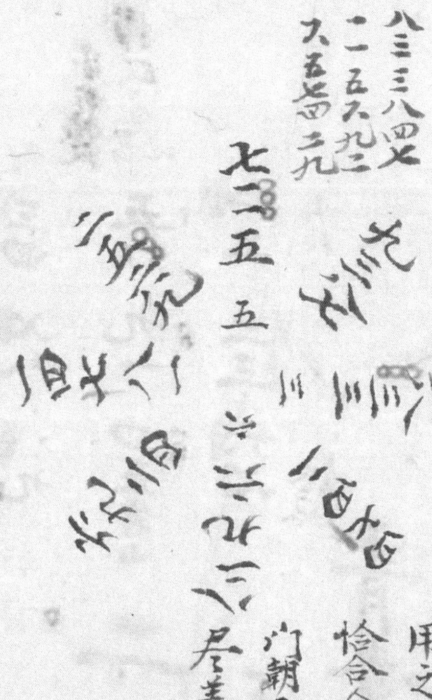

午癸山丁向

辛酉深洞更見高突之山

辛酉狀元 深河

三四 七八 八九

高池

五六 九一 四五靠山

巫砂

一二 三 六七

艮上塔

二宅玄機 親友家藏

不可泄漏

天機真堪輿

青囊總秘要訣奧語也

中華民國丙寅年辛卯月甲子日抄

占筮類			
1	擲地金聲搜精秘訣	心一堂編	沈氏研易樓藏稀見易占秘鈔本
2	卜易拆字秘傳百日通	心一堂編	
3	易占陽宅六十四卦秘斷	心一堂編	火珠林占陽宅風水秘鈔本
星命類			
4	斗數宣微	【民國】王裁珊	民初最重要斗數著述之一；未刪改本
5	斗數觀測錄	【民國】王裁珊	失傳民初斗數重要著作
6	《地星會源》《斗數綱要》合刊	心一堂編	失傳的第三種飛星斗數
7	《斗數秘鈔》《紫微斗數之捷徑》合刊	心一堂編	珍稀「紫微斗數」舊鈔
8	斗數演例	心一堂編	秘本
9	紫微斗數全書（清初刻原本）	題【宋】陳希夷	斗數全書本來面目；有別於錯誤極多的坊本
10-12	鐵板神數（清刻足本）——附秘鈔密碼表	題【宋】邵雍	無錯漏原版 秘鈔密碼表 首次公開！
13-15	蠢子數纏度	題【宋】邵雍	蠢子數連密碼表 打破數百年秘傳 首次公開！
16-19	皇極數	題【宋】邵雍	清鈔孤本附起例及完整密碼表 研究神數必讀！
20-21	邵夫子先天神數	題【宋】邵雍	附手鈔密碼表 研究神數必讀！
22	八刻分經定數（密碼表）	題【宋】邵雍	皇極數另一版本；附手鈔密碼表
23	新命理探原	【民國】袁樹珊	子平命理必讀教科書！
24-25	袁氏命譜	【民國】袁樹珊	
26	韋氏命學講義	【民國】韋千里	民初二大命理家南袁北韋
27	千里命稿	【民國】韋千里	
28	精選命理約言	【民國】韋千里	北韋之命理經典
29	滴天髓闡微——附李雨田命理初學捷徑	【民國】袁樹珊、李雨田	命理經典未刪改足本
30	段氏白話命學綱要	【民國】段方	民初命理經典最淺白易懂
31	命理用神精華	【民國】王心田	學命理者之寶鏡

32	命學探驪集	【民國】張巢雲	發前人所未發 稀見民初子平命理著作
33	澹園命談	【民國】高澹園	
34	算命一讀通——鴻福齊天	【民國】不空居士、覺先居士合纂	
35	子平玄理	【民國】施惕君	
36	星命風水秘傳百日通	心一堂編	
37	命理大四字金前定	題【晉】鬼谷子王詡	源自元代算命術
38	命理斷語義理源深	心一堂編	稀見清代批命斷語及活套
39－40	文武星案	【明】陸位	失傳四百年《張果星宗》姊妹篇 千多星盤命例　研究命學必備
相術類			
41	新相人學講義	【民國】楊叔和	失傳民初白話文相術書
42	手相學淺說	【民國】黃龍	民初中西結合手相學經典
43	大清相法	心一堂編	重現失傳經典相書
44	相法易知	心一堂編	
45	相法秘傳百日通	心一堂編	
堪輿類			
46	靈城精義箋	【清】沈竹礽	沈氏玄空遺珍 玄空風水必讀
47	地理辨正抉要	【清】沈竹礽	
48	《玄空古義四種通釋》《地理疑義答問》合刊	沈瓞民	
49	《沈氏玄空吹虀室雜存》《玄空捷訣》合刊	【民國】申聽禪	
50	漢鏡齋堪輿小識	【民國】查國珍、沈瓞民	
51	堪輿一覽	【清】孫竹田	失傳已久的無常派玄空經典
52	章仲山挨星秘訣（修定版）	【清】章仲山	章仲山無常派玄空珍秘 門內秘本首次公開 沈竹礽等大師尋覓一生未得之珍本！
53	臨穴指南	【清】章仲山	
54	章仲山宅案附無常派玄空秘要	心一堂編	
55	地理辨正補	【清】朱小鶴	玄空六派蘇州派代表作
56	陽宅覺元氏新書	【清】元祝垚	簡易・有效・神驗之玄空陽宅法
57	地學鐵骨秘　附　吳師青藏命理大易數	【民國】吳師青	釋玄空廣東派地學之秘
58－61	四秘全書十二種（清刻原本）	【清】尹一勺	玄空湘楚派經典本來面目 有別於錯誤極多的坊本

62	地理辨正補註　附　元空秘旨　天元五歌　玄空精髓　心法秘訣等數種合刊	【民國】胡仲言	貫通易理、巒頭、三元、三合、天星、中醫
63	地理辨正自解	【清】李思白	公開玄空家「分率尺、工部尺、量天尺」之秘
64	許氏地理辨正釋義	【民國】許錦灝	民國易學名家黃元炳力薦
65	地理辨正天玉經內傳要訣圖解	【清】程懷榮	秘訣一語道破，圖文并茂
66	謝氏地理書	【民國】謝復	玄空體用兼備、深入淺出
67	論山水元運易理斷驗、三元氣運說附紫白訣等五種合刊	【宋】吳景鸞等	失傳古本《玄空秘旨》《紫白訣》
68	星卦奧義圖訣	【清】施安仁	三元玄空門內秘笈　清鈔孤本　過去均為必須守秘不能公開秘密　與今天流行飛星法不同
69	三元地學秘傳	【清】何文源	
70	三元玄空挨星四十八局圖說	心一堂編	
71	三元挨星秘訣仙傳	心一堂編	
72	三元地理正傳	心一堂編	
73	三元天心正運	心一堂編	
74	元空紫白陽宅秘旨	心一堂編	
75	玄空挨星秘圖　附　堪輿指迷	心一堂編	
76	姚氏地理辨正圖說　附　地理九星并挨星真訣全圖　秘傳河圖精義等數種合刊	【清】姚文田等	蓮池心法　玄空六法　門內秘鈔本首次公開
77	元空法鑑批點本——附　法鑑口授訣要、秘傳玄空三鑑奧義匯鈔　合刊	【清】曾懷玉等	
78	元空法鑑心法	【清】曾懷玉等	
79	曾懷玉增批蔣徒傳天玉經補註【新修訂版原（彩）色本】	【清】項木林、曾懷玉	
80	地理學新義	【民國】俞仁宇撰	揭開連城派風水之秘
81	地理辨正揭隱（足本）　附連城派秘鈔口訣	【民國】王邈達	
82	趙連城傳地理秘訣附雪庵和尚字字金	【明】趙連城	
83	趙連城秘傳楊公地理真訣	【明】趙連城	
84	地理法門全書	仗溪子、芝罘子	巒頭風水，內容簡核、深入淺出
85	地理方外別傳	【清】熙齋上人	巒頭形勢、「望氣」「鑑神」
86	地理輯要	【清】余鵬	集地理經典之精要
87	地理秘珍	【清】錫九氏	巒頭、三合天星，圖文並茂
88	《羅經舉要》附《附三合天機秘訣》	【清】賈長吉	清鈔孤本羅經、三合訣法圖解
89–90	嚴陵張九儀增釋地理琢玉斧巒	【清】張九儀	清初三合風水名家張九儀經典清刻原本！

91	地學形勢摘要	心一堂編	形家秘鈔珍本
92	《平洋地理入門》《巒頭圖解》合刊	【清】盧崇台	平洋水法、形家秘本
93	《鑒水極玄經》《秘授水法》合刊	【唐】司馬頭陀、【清】鮑湘襟	千古之秘，不可妄傳匪人
94	平洋地理闡秘	心一堂編	雲間三元平洋形法秘鈔珍本
95	地經圖說	【清】余九皋	形勢理氣、精繪圖文
96	司馬頭陀地鉗	【唐】司馬頭陀	流傳極稀《地鉗》
97	欽天監地理醒世切要辨論	【清】欽天監	公開清代皇室御用風水真本
三式類			
98-99	大六壬尋源二種	【清】張純照	六壬入門、占課指南
100	六壬教科六壬鑰	【民國】蔣問天	由淺入深，首尾悉備
101	壬課總訣	心一堂編	過去術家不外傳的珍稀六壬術秘鈔本
102	六壬秘斷	心一堂編	
103	大六壬類闡	心一堂編	
104	六壬秘笈——韋千里占卜講義	【民國】韋千里	六壬入門必備
105	壬學述古	【民國】曹仁麟	依法占之，「無不神驗」
106	奇門揭要	心一堂編	集「法奇門」、「術奇門」精要
107	奇門行軍要略	【清】劉文瀾	條理清晰、簡明易用
108	奇門大宗直旨	劉毗	天下孤本 首次公開 虛白廬藏本《秘藏遁甲天機》
109	奇門三奇干支神應	馮繼明	
110	奇門仙機	題【漢】張子房	
111	奇門心法秘纂	題【漢】韓信（淮陰侯）	奇門不傳之秘 應驗如神
112	奇門廬中闡秘	題【三國】諸葛武侯註	
選擇類			
113-114	儀度六壬選日要訣	【清】張九儀	清初三合風水名家張九儀擇日秘傳
115	天元選擇辨正	【清】一園主人	釋蔣大鴻天元選擇法
其他類			
116	述卜筮星相學	【民國】袁樹珊	民初二大命理家南袁北韋
117-120	中國歷代卜人傳	【民國】袁樹珊	南袁之術數經典

<table>
<tr><td colspan="4">占筮類</td></tr>
<tr><td>121</td><td>卜易指南(二種)</td><td>【清】張孝宜</td><td>民國經典，補《增删卜易》之不足</td></tr>
<tr><td>122</td><td>未來先知秘術——文王神課</td><td>【民國】張了凡</td><td>內容淺白、言簡意賅、條理分明</td></tr>
<tr><td colspan="4">星命類</td></tr>
<tr><td>123</td><td>人的運氣</td><td>汪季高(雙桐館主)</td><td>五六十年香港報章專欄結集！</td></tr>
<tr><td>124</td><td>命理尋源</td><td rowspan="5">【民國】徐樂吾</td><td rowspan="5">民國三大子平命理家徐樂吾必讀經典！</td></tr>
<tr><td>125</td><td>訂正滴天髓徵義</td></tr>
<tr><td>126</td><td>滴天髓補註 附 子平一得</td></tr>
<tr><td>127</td><td>窮通寶鑑評註 附 增補月談賦 四書子平</td></tr>
<tr><td>128</td><td>古今名人命鑑</td></tr>
<tr><td>129-130</td><td>紫微斗數捷覽(明刊孤本)[原(彩)色本] 附 點校本 (上)(下)</td><td>馮一、心一堂術數古籍整理編校小組 整理</td><td>明刊孤本 首次公開！</td></tr>
<tr><td>131</td><td>命學金聲</td><td>【民國】黃雲樵</td><td>民國名人八字、六壬奇門推命</td></tr>
<tr><td>132</td><td>命數叢譚</td><td>【民國】張雲溪</td><td>子平斗數共通、百多民國名人命例</td></tr>
<tr><td>133</td><td>定命錄</td><td>【民國】張一蟠</td><td>民國名人八十三命例詳細生平</td></tr>
<tr><td>134</td><td>《子平命術要訣》《知命篇》合刊</td><td>【民國】鄒文耀、【民國】胡仲言撰</td><td>《子平命術要訣》科學命理；《知命篇》易理皇極、命理地理、奇門六壬互通</td></tr>
<tr><td>135</td><td>科學方式命理學</td><td>閻德潤博士</td><td>匯通八字、中醫、科學原理！</td></tr>
<tr><td>136</td><td>八字提要</td><td>韋千里</td><td>民國三大子平命理家韋千里必讀經典！</td></tr>
<tr><td>137</td><td>子平實驗錄</td><td>【民國】孟耐園</td><td>作者四十多年經驗 占卜奇靈 名震全國！</td></tr>
<tr><td>138</td><td>民國偉人星命錄</td><td>【民國】囂囂子</td><td>幾乎包括所民初總統及國務總理八字！</td></tr>
<tr><td>139</td><td>千里命鈔</td><td>韋千里</td><td>失傳民初三大命理家-韋千里 代表作</td></tr>
<tr><td>140</td><td>斗數命理新篇</td><td>張開卷</td><td>現代流行的「紫微斗數」內容及形式上深受本書影響</td></tr>
<tr><td>141</td><td>哲理電氣命數學——子平部</td><td>【民國】彭仕勛</td><td>命局按三等九級格局、不同術數互通借用</td></tr>
<tr><td>142</td><td>《人鑑——命理存驗・命理擷要》(原版足本)附《林庚白家傳》</td><td>【民國】林庚白</td><td>傳統子平學修正及革新、大量名人名例</td></tr>
<tr><td>143</td><td>《命學苑苑刊——新命》(第一集)附《名造評案》《名造類編》等</td><td>【民國】林庚白、張一蟠等撰</td><td>史上首個以「唯物史觀」來革新子平命學結集</td></tr>
<tr><td colspan="4">相術類</td></tr>
<tr><td>144</td><td>中西相人採原</td><td>【民國】袁樹珊</td><td>按人生百歲，所行部位，分類詳載</td></tr>
<tr><td>145</td><td>新相術</td><td>【美國】李拉克福原著、【民國】沈有乾編譯</td><td>通過觀察人的面相身形、色澤舉止等，得知性情、能力、習慣、優缺點等</td></tr>
<tr><td>146</td><td>骨相學</td><td>【民國】風萍生編著</td><td>結合醫學中生理及心理學，影響近代西、日、中相術深遠</td></tr>
<tr><td>147</td><td>人心觀破術 附運命與天稟</td><td>【日本】管原如庵、加藤孤雁原著，【民國】唐真如譯</td><td>觀破人心、運命與天稟的奧妙</td></tr>
</table>

心一堂術數古籍珍本叢刊　第二輯書目

編號	書名	作者	簡介
148	《人相學之新研究》《看相偶述》合刊	盧毅安	集中外大成，無不奇驗；影響近代香港相術名著
149	冰鑑集	【民國】碧湖鷗客	各家相法精華、相術捷徑、圖文並茂附名人照片
150	《現代人相百面觀》《相人新法》合刊	【民國】吳道子輯	失傳民初相學經典二種　重現人間！
151	性相論	【民國】余晉龢	民初北平公安局專論相學與犯罪專著（犯罪學生物學派）
152	《相法講義》《相理秘旨》合刊	韋千里、孟瘦梅	命理學大家韋千里經典、傳統相術秘籍精華
153	《掌形哲學》附《世界名人掌形》《小傳》	【民國】余萍客	圖文并茂、附歐美名人掌形圖及生平簡介
154	觀察術	【民國】吳貴長	可補充傳統相術之不足
堪輿類			
155	羅經消納正宗	【明】沈昇撰、【明】史自成、丁孟章合纂	失傳四庫存目珍稀風水古籍
156	風水正原	【清】余天藻	●積德為求地之本，形家必讀！ ●純宗形家，與清代欽天監地理風水主張大致相同
157	安溪地話（風水正原二集）		
158	《蔣子挨星圖》附《玉鑰匙》	傳【清】蔣大鴻等	窺知無常派章仲山一脈真傳奧秘
159	樓宇寶鑑	吳師青	陽宅風水必讀、現代城市樓宇風水看法改革
160	《香港山脈形勢論》《如何應用日景羅經》合刊		香港風水山脈形勢專著
161	三元真諦稿本——讀地理辨正指南	【民國】王元極	被譽為蔣大鴻、章仲山後第一人 內容直接了當，盡揭三元玄空家之秘
162	三元陽宅萃篇		
163	王元極增批地理冰海　附批點原本地理冰海	【清】高守中　【民國】王元極	
164	地理辨正發微	【清】唐南雅	極之清楚明白，披肝露膽
165-167	增廣沈氏玄空學　附　仲山宅斷秘繪稿本三種、自得齋地理叢說稿鈔本（上）（中）（下）	【清】沈竹礽	玄空必讀經典！附《仲山宅斷》幾種鈔本及批點本，畫龍點晴、披肝露膽，道中刊印本未點破的秘訣
168-169	巒頭指迷（上）（下）	【清】尹貞夫原著、【民國】何廷珊增訂、批注	圖文并茂：龍、砂、穴、水、星辰九十九變 洩漏天機：蔣大鴻、賴布衣挨星秘訣及用法
170-171	三元地理真傳（兩種）（上）（下）	【清】趙文鳴	蔣大鴻嫡派真傳張仲馨一脈二十種家傳秘本、宅墓案例三十八圖，並附天星擇日
172	三元宅墓圖　附　家傳秘冊		
173	宅運撮要	【民國】尤惜陰（演本法師）、榮柏雲	撮三集《宅運新案》之精要
174	章仲山秘傳玄空斷驗筆記　附　章仲山斷宅圖註	【清】章仲山傳、【清】唐鷺亭纂	無常派玄空不外傳秘中秘！二宅實例有斷驗及改造內容
175	汪氏地理辨正發微　附　地理辨正真本	【清】蔣大鴻、姜垚原著、【清】汪云吾發微	蔣大鴻嫡派張仲馨一脈三元理、法、訣具體泄露
176	蔣大鴻家傳歸厚錄汪氏圖解	【清】蔣大鴻、【清】汪云吾圖解	
177	蔣大鴻嫡傳三元地理秘書十一種批注	【清】蔣大鴻原著、【清】汪云吾、【清】劉樂山註	三百年來最佳《地理辨正》註解！石破天驚！

178	《星氣(卦)通義(蔣大鴻秘本四十八局圖并打劫法)》《天驚秘訣》合刊	題【清】蔣大鴻 著	江西興國真傳三元風水秘本
179	蔣大鴻嫡傳天心相宅秘訣全圖附陽宅指南等秘書五種	【清】蔣大鴻編訂、【清】汪云吾、劉樂山註	蔣大鴻徒張仲馨秘傳陽宅風水「教科書」！
180	家傳三元地理秘書十三種		真天宮之秘　千金不易之寶
181	章仲山門內秘傳《堪輿奇書》附《天心正運》	【清】章仲山傳、【清】華湛恩	直洩無常派章仲山玄空風水不傳之秘
182	《挨星金口訣》、《王元極增批補圖七十二葬法訂本》合刊	[民國]王元極	秘中秘——玄空挨星真訣公開！字字千金！
183-184	《家傳三元古今名墓圖集附謝氏水鉗》《蔣氏三元名墓圖集》合刊(上)(下)	(清)孫景堂，劉樂山，張稼夫	蔣大鴻嫡傳風水宅案、幕講師、蔣大鴻、姜垚等名家多個實例，破禁公開！
185-186	《山洋指迷》足本兩種　附《尋龍歌》(上)(下)	【明】周景一	風水巒頭形家必讀《山洋指迷》足本！
187-196	蔣大鴻嫡傳水龍經注解　附　虛白廬藏珍本水龍經四種(1-10)	【清】蔣大鴻編訂、【清】楊臥雲、汪云吾、劉樂山註	蔣大鴻嫡傳一脈授徒秘笈　希世之寶 千年以來，師師相授之秘旨，破禁公開！ 完整了解蔣氏嫡派真傳一脈三元理、法、訣！ 附已知最古《水龍經》鈔本等五種稀見《水龍經》
197	批注地理辨正直解	【清】章仲山	無常派玄空必讀經典未刪改本！
198	《天元五歌闡義》附《元空秘旨》(清刻原本)		
199	心眼指要(清刻原本)		
200	華氏天心正運	【清】華湛恩	
201-202	批注地理辨正再辨直解合編(上)(下)	【清】蔣大鴻原著、【清】姚銘三再註、【清】章仲山直解	失傳姚銘三玄空經典重現人間！ 名家：沈竹礽、王元極推薦！
203	章仲山注《玄機賦》《元空秘旨》附《口訣中秘訣》《因象求義》等九種合刊	【清】章仲山	近三百年來首次公開！　章仲山無常派玄空秘密，和盤托出！ 章仲山注《玄機賦》及章仲山原傳之口訣及筆記
204	章仲山門內真傳《三元九運挨星篇》《運用篇》《挨星定局篇》《口訣篇》等合刊	【清】章仲山、柯遠峰等	
205	章仲山門內真傳《大玄空秘圖訣》《天驚訣》《飛星要訣》《九星斷略》《得益錄》等合刊	【清】章仲山、冬園子等	
206	撼龍經真義	吳師青註	近代香港名家吳師青必讀經典
207	章仲山嫡傳《翻卦挨星圖》《秘鈔元空秘旨》　附《秘鈔天元五歌闡義》	【清】章仲山傳、【清】王介如輯撰	透露章仲山家傳玄空嫡傳學習次弟及關鍵不傳之秘
208	章仲山嫡傳秘鈔《秘圖》《節錄心眼指要》合刊		
209	《談氏三元地理大玄空實驗》附《談養吾秘稿奇門占驗》	【民國】談養吾撰	史上首次公開「無常派」下卦起星等挨星秘密之書
210	《談氏三元地理濟世淺言》附《打開一條生路》		了解談氏入世的易學卦德爻象思想
211-215	《地理辨正集註》附《六法金鎖秘》《巒頭指迷真詮》《作法雜綴》等(1-5)	【清】尋緣居士	集《地理辨正》一百零八家註解大成精華 匯巒頭及蔣氏、六法、無常、湘楚等秘本 史上最大篇幅的《地理辨正》註解
216	三元大玄空地理二宅實驗(足本修正版)	【民國】尤惜陰(演本法師)、榮柏雲撰	三元玄空無常派必讀經典足本修正版

217	蔣徒呂相烈傳《幕講度針》附《元空秘斷》《陰陽法竅》《挨星作用》	【清】呂相烈	蔣大鴻門人呂相烈三元秘本 三百年來首次破禁公開！
218	挨星撮要（蔣徒呂相烈傳）		
219-221	《沈氏玄空挨星圖》《沈註章仲山宅斷未定稿》《沈氏玄空學（四卷原本）》合刊（上中下）	【清】沈竹礽 等	揭開沈氏玄空挨星五行吉凶斷的變化及不同用法 章仲山宅斷未刪本、沈氏玄空學原本佚文、玄空挨星圖稿鈔本 大公開！
222	地理穿透真傳（虛白廬藏清初刻原本）	【清】張九儀	三合天星家宗師張九儀畢生地學精華結集
223-224	地理元合會通二種（上）（下）	【清】姚炳奎	分發兩家（三元、三合）之秘，會通其用 詳解注羅盤（蔣盤、賴盤）；義理、斷驗俱精
其他類			
225	天運占星學 附 商業周期、股市粹言	吳師青	天星預測股市，神準經典
226	易元會運	馬翰如	《皇極經世》配卦以推演世運與國運
三式類			
227	大六壬指南（清初木刻五卷足本）		六壬學占驗課案必讀經典海內善本
228-229	甲遁真授秘集（批注本）（上）（下）	【清】薛鳳祚	明清皇家欽天監秘傳奇門遁甲 奇門、易經、皇極經世結合經典
230	奇門詮正	【民國】曹仁麟	簡易、明白、實用，無師自通！
231	大六壬探源	【民國】袁樹珊	民初三大命理家袁樹研究六壬四十餘年代表作
232	遁甲釋要		推衍遁甲、易學、洛書九宮大義！
233	《六壬卦課》《河洛數釋》《演玄》合刊	【民國】徐昂	疏理六壬、河洛數、太玄隱義！
234	六壬指南（【民國】黃企喬）	【民國】黃企喬	失傳經典 大量實例
選擇類			
235	王元極校補天元選擇辨正	原【清】謝少暉輯、【民國】王元極校補	三元地理天星選日必讀
236	王元極選擇辨真全書 附 秘鈔風水選擇訣	【民國】王元極	王元極天昌館選擇之要旨
237	蔣大鴻嫡傳天星選擇秘書注解三種	【清】蔣大鴻編訂、【清】楊臥雲、汪云吾、劉樂山註	蔣大鴻陰陽二宅天星擇日日課案例！
238	增補選吉探源	【民國】袁樹珊	按表檢查，按圖索驥：簡易、實用！
239	《八風考略》《九宮撰略》《九宮考辨》合刊	沈瓞民	會通沈氏玄空飛星立極、配卦深義
其他類			
240	《中國原子哲學》附《易世》《易命》	馬翰如	國運、世運的推演及預言